Ilse Müllner
Peter Dschulnigg

Jüdische und christliche Feste

Ilse Müllner
Peter Dschulnigg

Jüdische und christliche Feste

echter

Die Reihe Neue Echter Bibel – Themen wird herausgegeben von Christoph Dohmen und Thomas Söding

Die Deutsche Bibliothek – CIP-Einheitsaufnahme

Jüdische und christliche Feste / Ilse Müllner ; Peter Dschulnigg. – Würzburg : Echter, 2002
(Die Neue Echter Bibel – Themen ; Bd. 9)
ISBN 3-429-02175-8

Druck und Bindung: Friedrich Pustet GmbH & Co. KG, Regensburg
ISBN 3-429-02175-8

Inhalt

Altes Testament 7

A. Zeit und Zeiten 9

1. Feste strukturieren die Zeit 9
2. Der Schabbat 11
3. Der Kalender 14

B. Räume 19

1. Heilige Stätten 19
2. Der Tempel in Jerusalem 20
3. Tempel, Haus und Synagoge 24

C. Die Feste im Jahreskreis 27

1. Pessach 27
2. Darbringung der Erstlingsfrüchte 33
3. Das Wochenfest 35
4. Neujahr und Versöhnungstag 39
5. Das Hüttenfest 46
6. Nachbiblische jüdische Feste und ihre biblischen Bezüge . . . 48

D. Feiernde Menschen und feierliche Handlungen 52

1. Feste, Opfer, Mahl und Freude 52
2. Feste und soziale Verantwortung 57
3. Feste und die Kultur des Erinnerns 59

Neues Testament 63

Einführung 65

A. Sabbat und Sonntag 67

1. Der Sabbat im Neuen Testament 67
2. Der Sonntag im Neuen Testament 71
3. Zur Verhältnisbestimmung von Sabbat und Sonntag 72

B. Pascha und Ostern 74

1. Das Pascha im Neuen Testament 74

2. Ostern im Neuen Testament 79
3. Pascha und Ostern 80

C. *Feste und Festimpulse nach dem lukanischen Doppelwerk* . . . 82

1. Die Himmelfahrt / Entrückung Jesu 82
2. Wochenfest / Pfingsten 85
3. Die Geburt Jesu Christi und das Weihnachtsfest 89
4. Die übrigen Jesuserzählungen der Vorgeschichte des Lukasevangeliums 92

D. *Feste im Johannesevangelium* 98

1. Die Hochzeit zu Kana (Joh 2,1–11) 98
2. Die drei Paschafeste im Johannesevangelium 100
3. Ein nicht näher gekennzeichnetes Fest (Joh 5,1ff) 103
4. Das Laubhüttenfest (Joh 7,2ff) 105
5. Das Tempelweihfest (Joh 10,22ff) 106
6. Zusammenfassung zum Sinn der Feste im Johannesevangelium 108

E. *Christus als der Hohepriester der endgültigen Versöhnung (Hebr 9,1ff)* 110

1. Der Versöhnungstag im Judentum 110
2. Der Versöhnungstag in Hebr 9 110

F. *Rückblick und Ausblick* 112

1. Sabbat und Sonntag 112
2. Pascha und Ostern 113
3. Festimpulse aus dem lukanischen Doppelwerk 113
4. Feste im Johannesevangelium 115
5. Der Versöhnungstag nach Hebr 9 117
6. Feste und Taten des Glaubens 117

Dialog 119

Altes Testament (Ilse Müllner) 121
Neues Testament (Peter Dschulnigg) 124

Anhang 127

Anmerkungen 129
Literaturverzeichnis 133
Abkürzungsverzeichnis 136

Altes Testament

Ilse Müllner

A. Zeit und Zeiten

1. Feste strukturieren die Zeit

So lange die Erde besteht, werden nicht aufhören Aussaat und Ernte, Kälte und Hitze, Tag und Nacht.
Gen 8,22

Der Wandel der Natur macht das Jahr erlebbar: Zeiten der Ernte folgen auf Zeiten der Saat, Licht folgt auf Dunkelheit, warme und kalte, trockene Zeiten und solche mit viel Niederschlag wechseln einander ab. Eine agrarisch orientierte Gesellschaft wie das alte Israel erlebt die natürlichen Zyklen mit hoher Intensität; die Zeiterfahrung ist vom Wechsel der Zeiten in der Natur geprägt. Das biblische Israel verknüpft in den Festen die natürlich geprägten Zeiten mit historischen Ereignissen, in denen es seinem Gott auf besondere Weise nahe war. Die Wiederkehr geprägter Zeiten garantiert Stabilität; das zeigt die Gottesrede in Gen 8,22.

Das biblische Verständnis von Zeit unterscheidet sich von demjenigen der westlichen Welt. Unter »Zeit« verstehen wir tendenziell »eine abstrakte Größe [...], die grundsätzlich meßbar, aber doch allem Erdgeschehen vorgegeben ist, unabhängig von den Maßeinheiten der verschiedenen Chronologien und Kalender, in scheinbarer Absolutheit und nur mathematisch bewiesener, aber nicht wirklich verstehbarer Relativität.«[1] Einen solchen Zeitbegriff gibt es im Hebräischen nicht. Die Bibel spricht über erfahrene Zeit, und diese ist immer Zeit *für* etwas, gefüllte und gewidmete Zeit (vgl. Koh 3).

Für das alte Israel ist aber die Widmung der Zeit keine rein individuelle Frage. Der Israelit und die Israelitin wissen sich eingebettet in die Gemeinschaft der Familie, der Sippe und des Volkes. Die Gemeinschaft braucht Zeiten, in denen sie als solche erfahrbar wird. Die Feste machen es für eine Gemeinschaft möglich, bestimmte Zeiten auch als gemeinschaftlich geprägte zu erfahren, letztlich sogar den Lauf der Zeit als gemeinsamen zu erleben.

Das Leben der agrarisch orientierten Gemeinschaft wird zunächst geprägt von Naturzyklen. Frühling, Sommer und Herbst sind die landwirtschaftlich aktiven Zeiten. Es ist kein Zufall, daß die wichtigsten Feste Israels im Frühling und im Herbst stattfinden und daß der Winter ganz lange ohne ein Fest war, bis man im nachbiblischen Judentum Chanukkah und Purim in diese Jahreszeit gelegt hat.

Die natürlichen Rhythmen bleiben die Basis des israelitischen Festkalenders. Anders als das muslimische Jahr, das ein reines Mondjahr ist und dessen Feste somit durch die Jahreszeiten wandern, verbinden der jüdische und der christliche Kalender im Anschluß an die biblischen Schriften Mond- und Sonnenjahr.

Auch wenn die biblischen Feste sich zunächst am Lauf des landwirtschaftlichen Jahres orientieren, so bleiben doch die Ereignisse des bäuerlichen Lebens nicht der zentrale Inhalt der Feste. Die meisten Feste werden mit historischen Ereignissen verbunden, sie werden historisiert. Auszug aus Ägypten, die Gabe der Tora am Sinai und Wüstenwanderung werden als Grunddaten der Geschichte Israels mit seinem Gott in die drei Wallfahrtsfeste Pessach, Wochenfest (Schawuot) und Laubhüttenfest (Sukkot) integriert.
Diese Verknüpfung von natürlichen Zyklen und historischen Ereignissen prägt den Charakter der biblischen Feste und der Strukturierung von Zeit zutiefst. Das historische Ereignis wird in immer gleichen Abständen zur immer gleichen Jahreszeit feiernd wiederholt und so nicht nur mit kulturell gewachsenen Symbolen, sondern auch mit bestimmten Naturerfahrungen und auch bestimmten Arbeitsabläufen verbunden. Das zu feiernde Ereignis erhält im Erleben der Generationen auf diese Weise Geschmack und Geruch. Es wird versinnlicht, was erheblich dazu beiträgt, daß sich das Ereignis im kulturellen und individuellen Gedächtnis verankert.
Auch für das Erfahren von Zeit wirkt diese Art der Rhythmisierung prägend. Lineare und zyklische Zeiterfahrung kommen im israelitischen Festjahr zusammen. Das historische Ereignis hat seinen Ort nicht nur auf der Linie, in der ein Ereignis das andere ablöst, sondern ebenso auch im Zyklus, der Erfahrungen wiederholbar macht.
Das Fest macht es auch möglich, daß zeitlich unendlich weit auseinanderliegende Generationen der einen Gemeinschaft vergleichbare Erfahrungen machen, ja sogar, daß eine Erfahrung für alle nachfolgenden Generationen wiederholbar wird. Jeder Mensch in jeder Generation soll sich so verstehen, als sei er selbst aus Ägypten ausgezogen, so schreibt es die Pessach-Haggada vor. Damit bewegt sich der einzelne Feiernde nicht nur synchron im Kontext der sich aktuell versammelnden Gemeinschaft, sondern auch diachron in der Gemeinde aller Generationen vor ihm und nach ihm, die auf das Ursprungsereignis erinnernd und feiernd Bezug nehmen.
Die Feste haben also unter anderem die Funktion, die Lebenszeit zu rhythmisieren. Das tun sie, indem sie einzelne Zeiten im Jahreslauf mit historischen Ereignissen verknüpfen und den Mitgliedern der Gemeinschaft auf diese Weise ermöglichen, ihre Zeit als strukturiert wahrzunehmen. Außerdem stellen die Feste eine diachrone Verbindungslinie zu den Generationen vor und nach der jeweiligen feiernden Gemeinschaft her.
Unterhalb des vom Sonnenlauf bestimmten Jahresrhythmus sind auch für das biblische Israel der mondabhängige Monatsrhythmus und der Tagesrhythmus unmittelbar erfahrbar. Beide wirken für die Strukturierung von Zeit prägend. Eine Sonderstellung nimmt allerdings die Woche mit ihrem Rhythmus 6+1 ein, ein Rhythmus, der in der Natur an keiner Stelle vorkommt. Die Woche mit dem Schabbat als letztem Tag ist eine kulturelle »Erfindung« des biblischen Israel und prägt bis heute weltweit die Zeiterfahrung der Menschen.

2. Der Schabbat

Die Bedeutung des Sabbat ist, die Zeit zu feiern und nicht den Raum. Sechs Tage in der Woche leben wir unter der Tyrannei der Dinge des Raumes; am Sabbat versuchen wir uns einzustimmen auf die Heiligung der Zeit. An diesem Tag sind wir aufgerufen, Anteil zu nehmen an dem, was ewig ist in der Zeit, uns vom Geschaffenen dem Geheimnis der Schöpfung selbst zuzuwenden, von der Welt der Schöpfung zur Schöpfung der Welt.

Abraham J. Heschel[2]

Der Schabbat ist im Judentum der höchste aller Feiertage. Er gilt als Tag der Freude, an ihm darf nicht gefastet werden. Das Christentum begeht den ersten Tag der Woche als Sonntag, nicht mehr den siebten Tag, hat aber den Siebenerrhythmus beibehalten. Die Muslime heben den Freitag als besonderen Tag heraus. Kulturen, die von anderen religiösen Traditionen geprägt sind, kennen den wöchentlichen religiösen Feiertag nicht. Dennoch hat sich der Rhythmus 6+1 auf der ganzen Welt durchgesetzt.

Die ursprüngliche *Bedeutung des Begriffs und die Geschichte dieser Institution* ist nicht so eindeutig. Aus dem Kalender der Babylonier ist ein *schapattum* bekannt. Dieses Fest ist an den Monat gebunden, es wird am 15. des Monats gefeiert. Außerdem haben babylonische Astrologen bestimmte Tage im Monat als Unglückstage festgelegt, an denen man zum Beispiel besser nicht in eine wichtige Schlacht ziehen sollte. Diese Tage fielen häufig auf Tage, die etwas mit der Zahl sieben zu tun hatten, haben aber nie einen konsequenten Siebenerrhythmus gebildet, da das nicht in den Mondzyklus von 29,5 Tagen passen würde. Eine Möglichkeit, das hebräische »Schabbat« etymologisch, also sprachgeschichtlich zu erklären, ist demnach die Herleitung vom babylonischen *schapattum*. Dabei muß man sich aber der Differenz in der Sache bewußt bleiben.

Eine zweite Möglichkeit, das Wort abzuleiten, ist die Rückführung auf das hebräische Verb für »aufhören« *(schabat)*. Das Aufhören bezieht sich in diesem Fall zuerst einmal auf das Aufhören des Mondes, auf den Leermond. Das würde die gängige Nebeneinanderstellung von Neumond und Schabbat (also: Leermond) in älteren biblischen Texten erklären. Zunächst meint der Schabbat also einen einmal pro Mondzyklus vorkommenden Tag.

Neben der Bezeichnung eines Feiertags als Schabbat gibt es eine weitere geschichtliche Wurzel des Schabbat, wie er im Dekalog festgelegt wird, nämlich den Rhythmus 6+1. Dieser Rhythmus wurde zunächst nicht auf Tage, sondern auf Jahre bezogen. Schon in der kanaanäischen Umwelt des biblischen Israel hat man im siebten Jahr das Land brach liegen lassen. Dieser Brauch hat etwas mit der Vorstellung zu tun, der Boden müsse sich von der Bewirtschaftung regenerieren können. Das biblische Israel verbindet die Vorstellung von der Schonung des Landes mit der Fürsorge für die Armen, die die wild wachsenden Früchte der brachliegenden Felder, Weinberge und Ölbäume nehmen sollen (Ex 23,10.11). Unmittelbar auf die Regelung für

das Brachjahr folgt eine Ruhetagsregelung, die ebenfalls im Rhythmus 6+1 praktiziert wird (Ex 23,12).
In diesem Text des Bundesbuchs, der wahrscheinlich auf das 9./8. Jahrhundert v. Chr. zurückgeht, wird der Ruhetag noch nicht Schabbat genannt. Auffällig ist, daß in beiden Regelungen, dem Brachjahr und der Ruhetagsregelung, nicht der Angesprochene selbst Nutznießer der Bestimmung ist, sondern die von ihm Abhängigen. Die Armen, die selbst kein Land besitzen, sollen von den Feldern essen; die Kinder der Sklavinnen, der Fremde und selbst die Tiere sollen »zu Atem kommen« (vgl. auch Ex 34,21).
Erst in exilischer Zeit ist dieser Rhythmus mit dem Begriff des Schabbat verbunden worden. Dieser Schritt hat sich im Dekalog niedergeschlagen.
Der Dekalog, das Zehnwort (aus dem griechischen), die sogenannten Zehn Gebote, ist in zwei Fassungen überliefert (Ex 20 und Dtn 5). Diese beiden Fassungen haben sehr viel gemeinsam, aber gerade beim Schabbatgebot weichen sie signifikant voneinander ab.
Heißt es im Dtn *»bewahre* den Schabbattag«, so sagt das Buch Exodus *»gedenke* des Schabbattags«. In der jüdischen Tradition werden die beiden Kerzenleuchter nach den Verben »gedenke« (*zākor*) und »bewahre« (*šāmor*) benannt, die die Hausfrau zu Beginn des Schabbat in einer Lichterzeremonie anzündet.
Der wichtigste Unterschied zwischen den beiden Dekalogfassungen liegt in der Begründung des Gebots: das Dtn begründet den Schabbat mit dem Rückgriff auf die Geschichte. Israel soll das Halten des Schabbat mit der Exoduserinnerung verknüpfen, mit der Erinnerung an das eigene Dasein als Sklaven und Sklavinnen und die Herausführung aus Ägypten durch JHWH. Das Dtn greift damit zurück auf die Überschrift des gesamten Dekalogs, unter der alle Gebote zu lesen sind.
Im Buch Exodus wird das Schabbatgebot nicht geschichtstheologisch begründet, sondern schöpfungstheologisch. Weil Gott selbst am siebten Schöpfungstag geruht hat, deshalb sollen auch die Menschen ruhen. Diese schöpfungstheologische Begründung des Rhythmus von Arbeit und Muße unterscheidet das Arbeitsverständnis Israels von dem seiner Umwelt. Nach dem babylonischen Atra-hasis-Epos werden die Menschen erschaffen, um die niedrigen Gottheiten von der Arbeit zu entlasten. Die Gottheiten selbst sind schon in zwei Klassen geteilt; den niedrigen Gottheiten wird die Arbeit, den höheren Gottheiten die Muße zugeteilt. Ein Aufstand der niedrigen Gottheiten führt dazu, daß die Menschen geschaffen werden, den Göttern die Arbeit abzunehmen.
Dieser Mythos verteilt Arbeit und Freizeit auf eine Weise, wie sie in den antiken Gesellschaften durchaus üblich war: Arbeit für die niedrigen Gesellschaftsschichten, im klassischen Griechenland etwa für Sklaven und Frauen, Muße für die freien Männer, die sich dann der Politik und der Philosophie widmen konnten.
Die biblische Regelung verteilt Arbeit und Muße nicht sozial, sondern zeitlich. Alle Menschen arbeiten, alle Menschen haben Muße, jedes zu seiner

Zeit. Die Menschen erweisen sich in ihrer Verantwortung für die von Gott geschaffene Welt als Ebenbilder Gottes. In dieser Verantwortung haben sie auch am ebenfalls erschaffenen und von Gott selbst praktizierten Rhythmus (Gen 2,2) teil. Der Schabbat ist wesentlich kein Tag wie jeder andere. Wie Gott die Tiere und die Menschen segnet, so segnet er den siebten Tag und *hebt* ihn dadurch aus allen anderen Tagen *heraus.* Zudem wird der Schabbat geheiligt (Gen 2,3). Die priesterliche Geschichtserzählung, jene Pentateuchquelle, auf die auch die erste Schöpfungserzählung zurückgeht, spielt das Thema Schabbat an zwei zentralen Stellen nochmals ein: im Kontext der Wüstenwanderung und im Kontext des Sinaiereignisses.[3] Die von Gott initiierte Speisung der Israeliten und Israelitinnen mit Manna und Wachteln (Ex 16) folgt ebenfalls dem Wochenrhythmus: am sechsten Tag regnet es die doppelte Menge, am siebten Tag findet das Volk gar nichts. Die Menschen sind frei von der Arbeit, für Nahrung zu sorgen; das ist im traditionellen Judentum bis heute so. Der siebte Tag ist aber nicht nur frei *von* Arbeit, er macht auch frei *für* die Begegnung mit Gott. Sechs Tage bedeckt die Wolke, in der die Herrlichkeit JHWHs sich auf den Gottesberg Sinai hinabläßt, den Berg. Am siebten Tag ruft Gott den Mose aus der Wolke auf den Berg (Ex 24,15–18). »Das ist es, was am siebten Tag hier urbildlich geschieht: Da wird der Mensch ins Feuer hineingerufen, in das den Weltenberg schmelzende und fressende Licht der Gottheit. Der siebte Tag als die Berührung des Geschöpfs mit dem Heiligen und Schrecklichen, weil so ganz anderen.«[4] Der siebte Tag gilt also auch als Tag der Begegnung, er ist ein Tag der Versammlung (Lev 23,3).

In der Zeit nach dem babylonischen Exil, in der Israel nicht mehr geschlossen in einem Land lebt, sondern sowohl die Existenz in der Diaspora als auch die Existenz in Juda und Jerusalem selbst hohe Anforderungen an die Identität dieses Volkes stellt, gewinnt *die Schabbatpraxis* zunehmend Bedeutung als *Zeichen religiöser und kultureller Identität.* Das Halten des Schabbat verbindet Israel; es macht sichtbar, daß diese Gruppe von Menschen zusammengehört. Für das Buch Nehemia zum Beispiel, das den Wiederaufbau Judas nach dem babylonischen Exil in der Perserzeit beschreibt, ist der Schabbat eine der größten Gaben Gottes (9,14). Die anklagende Beschreibung der Übertretung des Schabbat (Neh 13,15–22; vgl. auch Jer 17,22–25) zeigt, welche Praktiken schon in dieser Zeit als nicht schabbatkonform galten: es ist der Handel mit Lebensmitteln, mit Fischen und anderen Waren, es sind das Keltern und das Transportieren von Getreide am Schabbat, die Nehemia hier beklagt. Dabei fällt besonders ins Auge, daß es sich um Praktiken handelt, deren Unterlassung ökonomischen Verlust mit sich bringen kann. Der Schabbat widerspricht einer linearen, produktions- und gewinnorientierten Ökonomie (Diskussionen um den Sonntag spielen sich auch heute genau in diesem Feld, nämlich der Frage der Ladenöffnungszeiten, ab). Die Pause, die Muße folgt einer anderen Ökonomie, einer, der das Zu-Atem-Kommen der Menschen am Herzen liegt.

Schon sehr früh aber kristallisieren sich im Judentum Regelungen heraus, die das Menschenleben über das Halten des Schabbat stellen. In 1 Makk 2 wird von einer militärischen Niederlage erzählt, die darauf zurückzuführen ist, daß die Kämpfer nicht zu den Waffen greifen noch sonstige Handlungen zur Verteidigung unternehmen, um den Schabbat nicht zu entweihen. Männer, Frauen und Kinder kommen wehrlos um. Eine daran anschließende halachische (religionsgesetzliche) Diskussion zeigt die Gefahr auf, daß solches Verhalten die Existenz des Judentums gefährdet. Deshalb soll von da an auch am Schabbat gekämpft werden. Diese Stelle gilt als der früheste Beleg für die von da an die jüdische Rechtspraxis durchziehende Vorstellung vom Vorrang des Menschenlebens vor dem Schabbat, eine Vorstellung, die auch im Neuen Testament ihren Niederschlag gefunden hat.

3. Der Kalender

In deiner Hand stehen meine Zeiten.
Ps 31,16

Von der für den Kalender relevanten kleinsten Zeiteinheit Tag über die (sieben Tage umfassende) Woche und den Monat bis zum Jahr sind alle auch heute relevanten *Zeiteinheiten* bereits biblisch bezeugt. Mehr noch: die Woche ist sogar eine »Erfindung« der biblischen Schriften; sie ist als einzige dieser Einheiten in der Natur nicht repräsentiert.

Der Begriff ›*Tag*‹ bezeichnet im Deutschen wie im Hebräischen (*jōm*) sowohl die Tageszeit als auch die gemessene Zeiteinheit. Er beginnt seit biblischer Zeit bis ins heutige Judentum und in die christliche liturgische Praxis hinein am Abend, dauert also von Sonnenuntergang bis Sonnenuntergang (s. z.B. Neh 13,19). Eine mögliche Begründung für diese Konvention greift auf die erste Schöpfungserzählung (Gen 1,1–2,4a) zurück, deren Refrain (»und es wurde Abend, und es wurde Morgen, ein Tag...«) den Abend immer vor dem Morgen nennt.

Die *Woche* wird durch den Rhythmus von sechs Arbeitstagen + einem Ruhetag bestimmt; auf sechs Arbeitstage folgt der Schabbat (s.o. S. 11–14).

Der *Monat* bezeichnet die Dauer, die der Mond für eine Umdrehung um die Erde braucht. Die Erfahrungsgrundlage ist die sich verändernde Himmelserscheinung. Bis ins vierte nachchristliche Jahrhundert hinein war die Festlegung des Monatsbeginns Aufgabe des jüdischen obersten Gerichtshofs. In Anlehnung an den Zeitpunkt der ersten Sichtbarkeit der Mondsichel wurden alle weiteren Kalenderdaten, auch die Feste, bestimmt. Juden hatten die religiöse Pflicht, diese Wahrnehmung unmittelbar dem Gerichtshof mitzuteilen, der die Entscheidung durch Boten den jüdischen Gemeinden übermittelte. Durch dieses Verfahren konnte es zu Verzögerungen kommen, die ausgeglichen werden mußten. Bis heute werden die jüdischen Feste in der Diaspora zwei Tage lang gefeiert, um zu garantieren, daß alle jüdischen Gemeinschaften zumindest einen Tag zeitgleich begehen. Der in der Bibel er-

Der Festkalender (Lev 23,1-44)

14.I. Pessach (23,5)
15. - 21.I. Fest der Ungesäuerten Brote (23,6)
16.I. Erstlingsfrüchte (23,10)

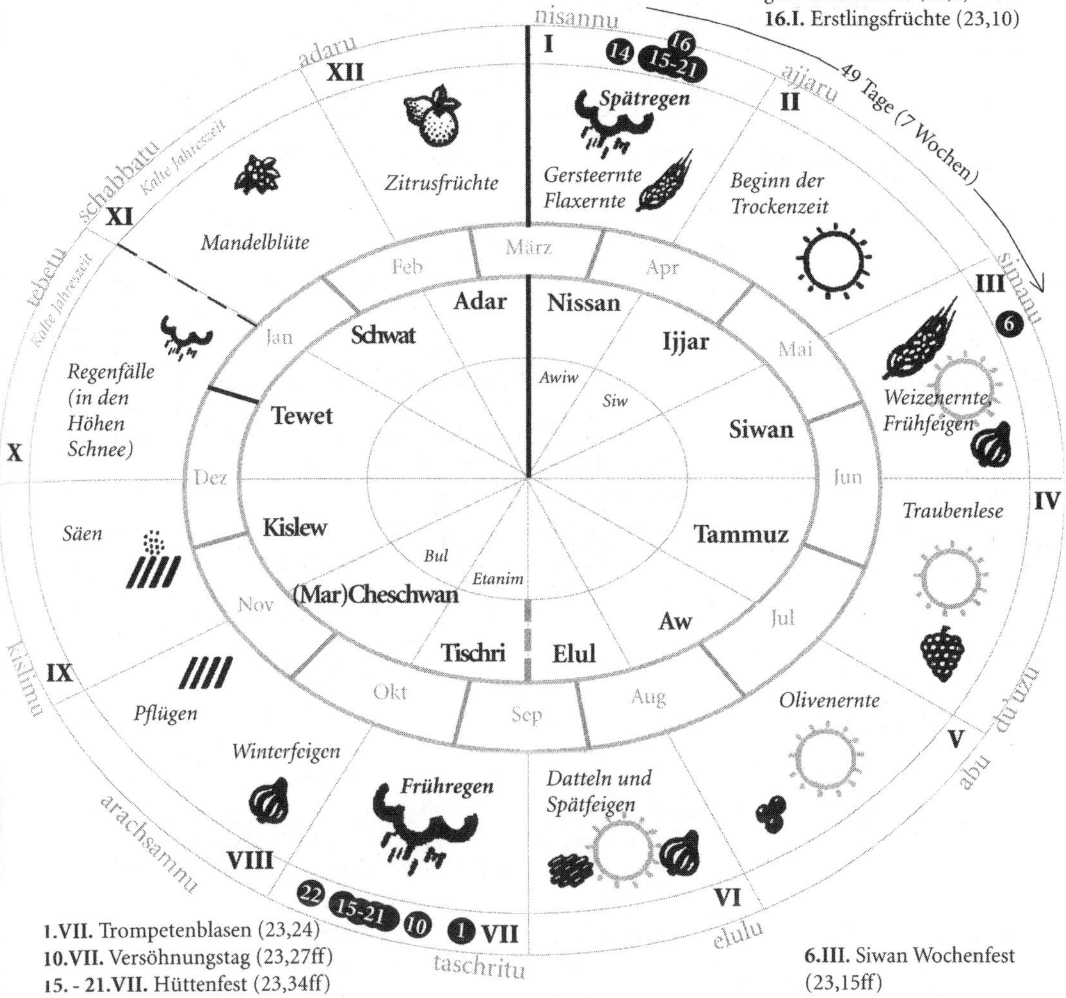

1.VII. Trompetenblasen (23,24)
10.VII. Versöhnungstag (23,27ff)
15. - 21.VII. Hüttenfest (23,34ff)
22.VII. Festversammlung (23,36)

6.III. Siwan Wochenfest (23,15ff)
Fest der Getreideernte

Abbildung von Gunther Plaut, in: Die Tora. In jüdischer Auslegung. Herausgegeben von W. Gunther Plaut. Mit einer Einleitung von Landesrabbiner Walter Homolka.

wähnte »Neumond« bezeichnet ein zu diesem Zeitpunkt stattfindendes Fest, an dem die Trompeten und Posaunen geblasen (Num 10,10; Ps 81,4) und bestimmte Opfer dargebracht werden (Num 28,11; 1Chr 23,31; 2 Chr 2,3; 8,13; 31,3; Esr 3,5; Neh 10,34; Ez 45,17; 46,6). Häufig werden Schabbat und Neumond in Verbindung erwähnt. Beides sind Freudentage, an denen nicht gefastet wird, auch schon am Vortag nicht (Jdt 8,6). An Neumonden finden ebenso wie an Schabbatot Festversammlungen und Festessen statt (1 Sam 20; Jes 1,13f). Diese Tage sind ebenso wie andere Freudenfeste nicht dazu angetan, daß man an ihnen seine Schulden bezahlt (1 Makk 10,34) oder Handel treibt (Am 8,5). Die Bezeichnung der Monate ist biblisch sowohl durch Zahlen (erster Monat, zweiter, dritter ...) bezeugt als auch durch Namen. Die Namen sind nicht einheitlich. Die in jüdischen Kalendern üblichen Namen sind aus Babylon importiert; manche Texte bewahren aber ältere hebräische Monatsnamen (z.B. Dtn 16,1: Abib für den Frühlingsmonat, der sonst Nissan heißt).

Das *Jahr* richtet sich nach dem Umlauf der Erde um die Sonne. Der *Jahresanfang* ist im Frühling (Nissan) oder im Herbst (Tischri) festzulegen. »Gute Gründe sprechen für die Annahme, daß im alttestamentlichen Israel zunächst der Jahresbeginn im Herbst angenommen wurde, später aber, wohl unter dem Einfluß der neubabylonischen Theorie und Praxis, der bürgerliche Jahresbeginn im Frühjahr lag. Deshalb wird der Frühlingsmonat Nissan als ›*ein* erster unter den Monaten des Jahres‹ (Ex 12,2) gezählt, aber das kultische Neujahr ›Rosch Haschana‹ ein halbes Jahr später am ›1.7.‹ begangen.«[5] Bis heute finden sich unterschiedliche Angaben zum Beginn des jüdischen Jahres. Traditionellen Juden und Jüdinnen gilt der Frühlingsmonat Nissan als erster der Monate (Ex 12,2), sie feiern Neujahr eben im siebten Kalendermonat. Weniger traditionell ausgerichtete jüdische Kalender beginnen mit dem Herbstmonat Tischri, an dessen Beginn das Neujahrsfest steht.

Die christliche *Zeitrechnung* »nach Christi Geburt« ebenso wie die jüdische Rechnung nach der Schöpfung finden ihren *jeweiligen inhaltlichen Anhaltspunkt* in der jüdischen bzw. der christlichen Bibel (die Schöpfung ist ebenso Teil der biblischen Erzählung wie die Geburt Christi). Aber sie werden in der Bibel nicht zur Benennung von Epochen benutzt. Ausgangspunkt der jüdischen Zeitrechnung ist das Jahr 3760 bzw. 3761 v.Chr. Diese Zahl wurde nach biblischen Angaben als Datum der Schöpfung errechnet. Der *Molad tohu* (der Zeitpunkt der Welterschaffung) fällt, umgerechnet in den bürgerlichen Kalender, auf Sonntag, 6. Oktober 3761 v.Chr., abends 11 Uhr, 11 Minuten und 20 Sekunden.

Das alte Israel kennt noch keinen absoluten Bezugspunkt für seine Zeitrechnung. Wie in der gesamten antiken Welt werden auch in der Bibel, um die Aufeinanderfolge von Jahren zu bestimmen, Herrscherchronologien aufgestellt. Weitere Zeiträume werden über listenförmige Generationenabfolgen, sogenannten *Toledot*, umgriffen (v.a. in der Genesis).

Der *Jahreslauf* läßt sich sowohl aus einzelnen Zeitangaben erschließen (z.B. Ex 12,2) als auch aus Kalendern, die dazu dienen, die Feste im Jahres-

kreis zu verorten. Ein kanaanäischer Schriftfund zeigt, daß schon vor den biblischen Schriften eine systematische Vorstellung vom bäuerlichen Jahreslauf existierte. Der Geserkalender (aus dem 10. Jh.) charakterisiert das Jahr nach dem Ablauf der Erntezeiten:
Zwei Monate des Einsammelns, zwei Monate des Säens, zwei Monate der Spätsaat, ein Monat des Flachsschneidens, ein Monat der Gerstenernte, ein Monat der (Weizen)Ernte und des Abmessens, zwei Monate der Weinlese, ein Monat des Sommerobsts.[6]
Die Bibel kennt mehrere Festkalender (Ex 23,14–17; 34,18.22; Lev 23; Num 28–29; Dtn 16,1–17). Sie unterscheiden sich nicht unerheblich voneinander, kennen allerdings alle drei große Feste im Jahr. Bereits die Texte, die vor dem babylonischen Exil entstanden sind, weisen auf diese großen Feste hin: »Dreimal im Jahr sollst du mir ein Fest feiern«, fordert das Bundesbuch in Ex 23,14. Diese drei Feste sind das *Pessach-Mazzotfest* (Pascha), das *Wochenfest (Schawuot)* und das *Laubhüttenfest (Sukkot)*. Diese Feste sind als Wallfahrtsfeste gekennzeichnet. Dreimal im Jahr müssen die Israeliten das Heiligtum aufsuchen, sollen »vor dem Angesicht JHWHs« erscheinen (Ex 23,17; Dtn 16,16) bzw. das Angesicht Gottes sehen. Vor den listenartigen Zusammenstellungen von Festen, die die Gestalt von Jahreskalendern haben, liegt die gleichlautende Aufzählung von drei Festen (Ex 23,14.17; 34,23; Dtn 16,16). Sie kann als erstes Stadium des israelitischen Festkalenders angesehen werden.
An erster Stelle wird das *Pessach-* bzw. *Mazzotfest* genannt. Der doppelte Name weist auf den doppelten Ursprung des Fests hin. Mazzot sind ungesäuerte Brote. Ein Frühlingsfest, das in einem Zusammenhang mit ungesäuerten Broten steht, bildet den Grundstock dieses Festes. Erst später ist das Fest mit dem Auszug aus Ägypten verschmolzen zum Pessachfest. Ungesäuertes Brot und das Pessachlamm sind die hervorstechenden Merkmale dieses Festes.
Das zweite ist das *Wochenfest* sieben Wochen nach Pessach. Der Festtermin liegt sieben Wochen nach dem Erntebeginn, Schawuot schließt die Getreideernte ab. Auch hier wird wieder der Siebenerrhythmus aufgenommen, das Fest kann deshalb auch »Siebenerfest« genannt werden.
Das dritte, das *Laubhüttenfest*, wird im Herbst als Fest der Weinlese begangen.
Diese drei Feste bilden den Grundstock des biblischen und des jüdischen Festjahres.
In Lev 23 und in Num 28 sind die beiden wichtigsten Jahreskalender überliefert. Diese beiden Listen unterscheiden sich v.a. in der Ausrichtung. Während sich Num 28 auf die Opfer konzentriert, die bei dem jeweiligen Fest dargebracht werden sollen, orientiert sich Lev 23 stärker an den einzelnen Festen selbst. Lev 23 ist also als Festkalender im eigentlichen Sinn, Num 28 als Opferkalender zu bezeichnen. Diese beiden Listen repräsentieren das abschließende Stadium des israelitischen Festkalenders bis ins 2. Jahrhundert v. Chr.[7]

In Lev 23 werden sieben Feste festgelegt. Die Zahl Sieben ist kein Zufall, sondern Programm. Sie nimmt noch einmal den von Israel »erfundenen« Wochenrhythmus auf. Der Gott Israels fordert Mose auf, zu den Israeliten zu sprechen, ihnen die Festordnung zu verkünden. Diese Festordnung gilt – aus der Perspektive der in Lev erzählten Situation der Wüstenwanderung – für die Zukunft, nämlich für die Zeit nach der Landnahme (V. 10).
Der Kalender in **Lev 23** läßt in V. 2 eine heilige Versammlung, eigentlich eine Einberufung (*miqcā'ē qodeš*), stattfinden. Diese Position im Text zeigt die hohe Bedeutung des Sich-Versammelns. Darin liegt eine der wichtigsten Funktionen der Feste. Eröffnet wird die Reihe mit dem Schabbat, der nicht wirklich zu den jährlich zu begehenden Festen gehört, aber grundlegende Bedeutung hat. Diese wird durch seine Vorrangstellung, durch den Superlativ *šabbat šabbātōn* (etwa: höchster Schabbat) und durch die Siebenerstruktur des Kapitels angezeigt.
Die sieben Feste sind so angeordnet, daß das Siebener- oder Wochenfest in der Mitte steht. An ihm finden besondere Opfer statt; es gilt für diesen Festkalender als der Höhepunkt des Jahres. Zusätzlich zu den drei alten Wallfahrtsfesten (Pessach, Wochenfest und Hüttenfest) sind hier neben dem Schabbat auch ein Garbenfest, ein Fest des Lärmblasens (das spätere Neujahrsfest) und das Versöhnungsfest genannt.

B. Räume

1. Heilige Stätten

Auf den Gipfeln der Berge bringen sie Schlachtopfer dar
und auf den Höhen Rauchopfer,
unter Eichen, Storaxbäumen und Terebinthen,
denn gut ist deren Schatten.
Hos 4,13

Archäologische Arbeiten haben gezeigt, daß in allen bekannten Kulturen Räume geschaffen werden, die aus dem alltäglichen Bereich ausgegrenzt sind, die eine Sphäre der Heiligkeit bezeichnen. Ebenso wie es Alltagszeiten und Festzeiten gibt, wie also die Zeit strukturiert wird nach profan und heilig, wird auch Raum in diese Kategorien eingeteilt. Kultstätten können innerhalb bewohnter Gebiete liegen; sie unterscheiden sich dann durch ihre Architektur von den Wohnhäusern. Aber auch außerhalb des bewohnten Gebiets, an Stellen, die sich durch besondere Lage auszeichnen, etwa an Quellen oder an erhöhten Plätzen, werden Kultstätten errichtet.
Die Architektur des Heiligtums ist kulturspezifisch; so gibt es kein Heiligtumskonzept, das an alle in Frage kommenden Ortslagen angelegt werden könnte. Dennoch ist es möglich, aufgrund von in einem bestimmten Bereich gefundenen Artefakten und architektonischen Merkmalen, die bereits von anderer Stelle im vergleichbaren Kulturraum bekannt sind, auf die kultische Funktion eines Ortes zu schließen. Dazu ist es von Bedeutung, den Zweck des Tempels in der jeweiligen Kultur zu kennen.
Auf syrisch-mesopotamischem Gebiet in der für die Bibelwissenschaft in Frage kommenden Zeit gilt der Tempel als Wohnstatt der Gottheit. Diese wurde meist durch ein Bild repräsentiert, wodurch sich jener Teil des Tempels, in dem das Bild der Gottheit gewöhnlich aufbewahrt wird, vom Rest der Räumlichkeit noch einmal unterscheidet. Das Allerheiligste ist häufig noch einmal erhöht, davor bildet sich ein Opferplatz heraus. Der Opferkult dient primär der Versorgung der Gottheit, muß also vor dem Götterbild stattfinden.[8] Die Aussonderung des heiligen Raumes aus dem profanen und nochmals die räumliche Strukturierung des Tempels in sich mit der Hinordnung auf ein Allerheiligstes als Standort des Götterbildes findet ihre Entsprechung in einer sozialen Strukturierung. Sowohl in Israel als auch in Mesopotamien war es nur ausgewähltem Kultpersonal (in Mesopotamien auch dem König) gestattet, bis in das Allerheiligste hineinzugehen. Die unmittelbaren Kommunikationszusammenhänge entstehen zwischen dem Götterbild und dem Priester, der so in die Rolle des Vermittlers zum Volk gerät. Der Götterthron bildet die Schnittstelle zwischen dem göttlichen und

dem menschlichen Universum, eine Schwelle, zu der nicht jeder Mensch Zugang erhält.
Neben dem Tempel in Jerusalem, dessen Sonderrolle von der deuteronomistischen Bewegung festgeschrieben wird, existierten in Israel eine Reihe weiterer Kultstätten, die biblisch und archäologisch bezeugt sind. So erzählt z.B. der Anfang der Samuelbücher über ein Heiligtum in Schilo, zu dem die Familie des Elkana Wallfahrten unternimmt. Dort werden jährliche Opfer dargebracht, und die Erzählung zeigt auch auf, daß die Priester aus Teilen dieser Opfer ihren Lebensunterhalt bestreiten. Nach 1 Sam 1,1 pilgern Elkana und seine Familie aus ihrem Heimatort zum überregionalen Heiligtum von Schilo. Auch wenn der Heimatort Ramatajim eine eigene Kulthöhe besitzt, so ist die Wallfahrt zum überregionalen Heiligtum von besonderer kultischer Bedeutung. Dort wird ein jährliches Opfermahl gehalten und in einem zweiten Teil des Rituals JHWH angebetet. Die einzelnen Kultstätten waren auch unterschiedlich ausgestattet. An den Kulthöhen war zwar ein Altar vorhanden, es gab aber keine Priester; diese taten an überregionalen Heiligtümern Dienst. Von dieser unterschiedlichen Ausstattung kann man auf unterschiedliche kultische Praktiken schließen.[9]
Wenn ältere biblische Texte von Versammlung sprechen, von Kulthandlungen wie Opfern, dann ist davon auszugehen, daß diese an Kultstätten im gesamten bewohnten Gebiet Israels vorgenommen wurden. Der Ort auch der großen Feste war zunächst nicht einheitlich, deren Durchführung nicht zentralisiert geregelt. Erst eine mit der Durchsetzung des Alleinverehrungsanspruchs JHWHs Hand in Hand gehende Zentralisation konzentriert schließlich den Kultbetrieb auf den Jerusalemer Tempel.

2. Der Tempel in Jerusalem

Wer zieht hinauf zum Berg Adonajs,
und wer steht auf in seinem heiligen Raum?
Ps 24,3

Die räumliche Grundstruktur des altorientalischen Tempels finden wir auch im Jerusalemer Tempel. Die Dreiteilung in *Ulam* (Vorhalle), *Hechal* (Hauptraum) und *Debir* (Allerheiligstes) spiegelt eine Struktur abgestufter Heiligkeit. Das Betreten des innersten Raums wurde sowohl zeitlich als auch sozial begrenzt: nur der Hohepriester durfte diesen Raum, in dem die Bundeslade und die beiden Cherubim ihren Ort hatten, einmal im Jahr an Jom Kippur, dem Versöhnungstag, betreten. Aufbau und Ausstattung, so sagt es die Tradition, sind keine Erfindung kreativer Architekten, sondern der Jerusalemer Tempel ist nach einem Modell gestaltet, das JHWH selbst Mose auf dem Berg Sinai gezeigt hat. Nach diesem Modell soll in der Wüste das Zelt der Begegnung gebaut werden, das wiederum die Vorwegnahme des Tempels ist. Der bedeutsamste Einrichtungsgegenstand ist die Lade,

die die Tafeln des Gesetzes enthält und deshalb »Lade des Zeugnisses« (Ex 25,22) oder auch »Lade des Bundes« (Num 10,33; 14,44; Dtn 10,8 u.a.) genannt wird.
Auf der Lade befindet sich die *kapporaet* aus reinem Gold. Der Ausdruck hängt mit dem Begriff der Sühne zusammen, kann von daher auch mit »Sühneplatte« übersetzt werden, und der Gegenstand spielt auch beim Ritual des *Jom Kippur*, des Versöhnungstags (s.u. S. 39–46), eine Rolle. Im bildlosen Kult des alten Israel stehen Lade und Kapporät für den Thron der unsichtbaren Gottheit, ihr Ort entspricht dem Standort des Götterbildes. Dieser Ort repräsentiert die Nähe zur Gottheit Israels, die sowohl fordernd als auch vergebend erfahren wird. Vor diesem Ort befindet sich auch im Jerusalemer Tempel der Altar für Brandopfer und zum Räuchern. »Der Altar ordnet durch seine Stellung und die Regelung des Zutritts zu ihm den Raum, durch die Opfer und Feste, die den Ablauf der Tage, Wochen und Jahre gliedern, die Zeit und schließlich auch die Gemeinschaft, die von Gott gereinigt wird und sich in verschiedene Gruppen (Leviten, Priester, ...) aufteilt. Mit dem Altar verbindet sich noch die Symbolik des Tisches, als Zeichen für besondere, feierliche Mähler.«[10]
Die Geschichte des Jerusalemer Tempels ist seit dem 10. Jahrhundert ein Bild für die wechselvolle Geschichte Israels: wie unter einem Brennglas zeigen Bau, Zerstörung, Wiedererrichtung, Bedrohung und schließlich die bis heute endgültige Zerstörung des Tempels die politische Geschichte Israels. Sowohl die theologische Bedeutung des Jerusalemer Tempels als auch die politische Geschichte, in der Zeiten der kultischen Nutzung des Tempels mit solchen der Zerstörung abwechseln, haben großen Einfluß auf die Festpraxis des biblischen und nachbiblischen Judentums genommen. Deshalb ist es an dieser Stelle sinnvoll, eine kurze Zusammenfassung der Geschichte des Jerusalemer Tempels zu geben.
Ob der Tempel historisch von Salomo erbaut wurde, wie es die biblischen Schriften darstellen (1 Kön 6–8; 2 Chr 3–7), oder ob Salomo eine bereits bestehende jebusitische Kultstätte zum JHWH-Tempel umgebaut hat: fest steht, daß die Geschichte des Jerusalemer JHWH-Tempels im 10. Jahrhundert v.Chr. beginnt. Dieser Erste, der salomonische Tempel, wurde im Lauf der nächsten Jahrhunderte das kultische Zentrum, auf das hin sich die nationale Religiosität Israels und Judas ausrichtete. Als dieser erste Tempel im Jahr 586 vom Heer des Babyloniers Nebukadnezar zerstört wurde, bedeutete das zunächst einen radikalen Bruch in der Fest- und Kultpraxis Israels. Die Zerstörung des Tempels wurde betrauert, wie die Klagelieder, aber auch die Volksklagelieder des Psalters und der Hinweis auf ein Trauerfasten in Sach 7,3 zeigen. Auch wenn neben dem Jerusalemer Tempel weiterhin andere Kultstätten im Land existiert hatten, so war doch die Bedeutung des Jerusalemer Tempels im 6. Jahrhundert bereits hoch genug einzuschätzen, daß der Verlust des Tempels einen massiven Einschnitt bedeutete. In der Zeit bis zum Wiederaufbau des Tempels, also in der Zeit von 586 bis 520, wurden auch im zerstörten Tempelareal Gottesdienste abgehalten, die

wahrscheinlich auch Opferpraxis einschlossen.[11] Großpolitisch machte der Beginn der Perserherrschaft den Wiederaufbau des Tempels möglich. Deren Akkulturationsbereitschaft unterstützte die religiösen und juristischen Eigeninitiativen der unterworfenen Völker, um sich deren kulturelle Grundlagen zunutze zu machen. Der Perserkönig Kyros initiierte den Wiederaufbau des Jerusalemer Tempels (vgl. Esr 6,3–5, dessen historische Grundlage als wahrscheinlich angesehen werden kann), der dann unter Dareios in den Jahren 520–515 erfolgte. Auch in der Diaspora konzentrierten sich Juden und Jüdinnen der Perserzeit auf den Jerusalemer Tempel, der es ermöglichte, daß Repräsentanten Israels – wenn auch nicht jedes einzelne Volksmitglied – an diesem Ort die Beziehung zum Gott Israels kultisch pflegten. In der hellenistischen Epoche war die Heiligkeit des Jerusalemer Tempels wiederum bedroht, als 168 v.Chr. Antiochus Epiphanes den Tempel durch die Errichtung einer Zeusstatue entweihte. Die Wiedereinweihung 164 v.Chr. durch die Makkabäer bildet die historische Grundlage für das nachbiblische Chanukkah-Fest. Unter Herodes dem Großen wurde die gesamte Anlage vergrößert; es entstand ein Vorhof für jüdische Frauen und ein Vorhof für Nichtjuden. Der von Herodes maßgeblich vergrößerte Zweite Tempel wird dann 70 n.Chr. von den Römern zerstört.

Die Bedeutung des Jerusalemer Tempels und seiner gebrochenen Geschichte für die Religiosität Israels wäre nicht verständlich, gäbe es die Vorstellung der kultischen Einheit als lokaler Einheit nicht, wie sie maßgeblich von der deuteronomistischen Schule und deren Vorläufern vertreten wurde. Die Legende von der Auffindung des Buches der Tora durch Joschija und die darauf folgende Zerstörung der dezentralen Heiligtümer im Land (2 Kön 22f) zeigt die enge Verbindung von legitimer JHWH-Verehrung und Konzentration auf den Jerusalemer Kult. Die Joschijanische Kultzentralisation, die in dieser Erzählung dargestellt wird, fußt auf den religionspolitischen Optionen des Königs Hiskija. Dieser hatte bereits im Zuge von antiassyrischen Maßnahmen die Konzentration des Kults auf Jerusalem hin gefördert. Joschija verbindet nun diese Zentralisationsforderung mit der Vorstellung, daß an anderen Kultstätten auch andere Gottheiten verehrt würden. Ob religionsgeschichtlich an den anderen Heiligtümern tatsächlich auch andere Gottheiten verehrt wurden oder ob JHWH verehrt wurde in Formen, die den Vorstellungen dieser Schule zuwiderlief (oder ob beides zutraf), spielt in diesem Kontext keine zentrale Rolle. In jedem Fall entspricht die – an anderen Orten als Jerusalem praktizierte Verehrung des Gottes Israels – nicht den Idealen der Bewegung. Das führt zu einer theologischen Neukonzeption der Beziehung zwischen JHWH und Israel, die in der Zentralisation des Kults auf Jerusalem einen wichtigen Ausdruck fand. Auf diese Weise wurde eine Bewegung angestoßen, die den legitimen und offiziellen Kult auf den Tempel in Jerusalem konzentrierte, die also auch die Festpraxis der IsraelitInnen einschneidend veränderte und die Bedeutung Jerusalems erhöhte.

Es bilden sich zwei voneinander unterschiedene Formen aus, mit dem Gott

Israels in Kontakt zu treten. Die eine ist gebunden an das zentrale Heiligtum in Jerusalem und an eine physische Präsenz ebenda. Eine andere bleibt lokal ungebunden, ebenso wie der Gott Israels »mobil«, an keinen bestimmten Ort gebunden ist, was wiederum Rückschlüsse auf die theologische Bedeutung des Tempels zuläßt.

Ein Text, der die theologische Bedeutung des Jerusalemer Tempels exemplifiziert, ist 2 Chr 3. Der Beginn des salomonischen Tempelbaus in der Darstellung der Chronikbücher spielt auf drei biblische Texte an und spannt auf diese Weise ein Netz aus, innerhalb dessen sich die theologische Bedeutung des Jerusalemer Tempels beschreiben läßt: Gen 22; 2 Sam 24 und 1 Chr 21.[12] Das Motiv, das diese Texte verbindet, ist das Sehen. Der Ortsname »Morija« spielt mit dem hebräischen Verb *rā'ah*, sehen. Der Ort, an dem Isaak nicht geopfert wird, wird von Abraham als »JHWH *jir'aeh*« – »JHWH sieht« bezeichnet (Gen 22,14). Außerdem läßt diese Erzählung Abraham zu seinem Sohn in V. 8 sagen, daß Gott sich sein Opferlamm aussehen werde. In 2 Sam 24 und 1 Chr 21 geht es darum, daß ein Engel JHWHs erscheint, d.h. sich sehen läßt. Alle diese Texte thematisieren die Frage nach der Gotteserscheinung. In altorientalischen Tempeln, in denen das Götterbild als Repräsentant der Gottheit gleichzeitig auch die Sichtbarkeit der Gottheit garantierte, hatte die im Tempel zumindest für ausgewählte Repräsentanten möglich gemachte Gottesbegegnung visuelle Aspekte. Das Konzept des Tempels als des Ortes, an dem man das Angesicht Gottes schauen konnte, zu übernehmen, war für Israel nicht möglich. Denn die Bilderlosigkeit der JHWH-Verehrung mußte auch andere Begegnungsmöglichkeiten schaffen und andere Vorstellungen von Gottes Anwesenheit im Tempel produzieren. Die drei Texte ringen mit dem Verständnis des Sehens Gottes. Sie lösen das Schauen Gottes ab von der altorientalischen Kultbildfrömmigkeit und betten es ein in ein Offenbarungskonzept, in dem das Schauen Gottes immer Antwort ist auf die vorhergehende Offenbarung, darauf, daß Gott sich sehen läßt. Weitere Vorstellungen, die die theologische Bedeutung des Jerusalemer Tempels beschreiben, sind die, daß der Gott Israels dort seinen Namen wohnen läßt, oder daß der Tempel der Ort der Herrlichkeit JHWHs ist. In jedem Fall geht die Initiative von JHWH aus; er ist es, der sich den Ort aussucht. Der Gott Israels hat sich Jerusalem auserwählt. Wie die Vision Ezechiels in Ez 10 zeigt, ist mit diesen Vorstellungen durchaus die Möglichkeit verbunden, daß die Anwesenheit Gottes diesen Ort auch wieder verläßt. In jedem Fall ist der Tempel mit einer besonderen Vorstellung der Präsenz und der Erfahrbarkeit Gottes verbunden. Auf diesem Hintergrund ist die Einrichtung der Wallfahrt nach Jerusalem zu verstehen, die die drei ältesten Jahresfeste Pessach, Schawuot und Sukkot verbindet. Die Wallfahrtspraxis, zunächst noch nicht an Jerusalem gebunden, gewinnt durch die Zentrierung des Kults eine neue Dimension. Der Tempel als Mittelpunkt Israels ist Ziel einer dreimal im Jahr stattfindenden Bewegung, in der sich sowohl Israel sammelt als auch vor Gott tritt. Diese Bewegung schlägt sich nicht nur in den Festanweisungen nieder, sondern auch in Wallfahrtspsalmen, wie etwa Ps 24 oder die Sammlung Ps 120–134. Ps 24 macht deutlich, daß der Gottesdienst, in dem Fall die Wallfahrt zum Jerusalemer Tempel, nur demjenigen gelingen kann, der auch die Tora in seinem Leben verwirklicht. Gottesdienst wird in Israel nie als Ersatz für ethisches Handeln verstanden, sondern das toragemäße Leben ist Vorbedingung für den richtigen Gottesdienst. Der Brauch der Wallfahrt der IsraelitInnen zum zentralen Heiligtum nach Jerusalem steht auch im Hintergrund der Vorstellung von der Völkerwallfahrt zum Zion (Jes 2; Mi 4), nach der die Völker angelockt vom toratreuen guten Leben Israels zu dessen Zentrum pilgern.

3. Tempel, Haus und Synagoge

Wo ist der Raum, in dem ich mit meinen Jüngern das Pessachlamm essen kann?
Mk 14,14

Die besondere Präsenz JHWHs im *Jerusalemer Tempel* führte nicht nur dazu, daß dieser Tempel nach der ersten Zerstörung im 6. Jahrhundert v.Chr. wiedererrichtet wurde, sondern auch dazu, daß zwei Weisen der Gottesbegegnung auseinandertraten. Das Opfer, einer der wesentlichen Aspekte des Gottesdienstes, war nach der Kultzentralisation nur in Jerusalem möglich. Die Menschen der Diaspora und auch die Menschen in Juda und Jerusalem nach der Tempelzerstörung mußten andere Formen der Gottesbegegnung finden; die Möglichkeit des Opfers war an anderen Orten nicht gegeben. Die Kultzentralisation und die Begrenzung des Kultpersonals auf eine Erbpriesterschaft führte dazu, daß die Juden und Jüdinnen außerhalb von Jerusalem bereits während der Zeit des Zweiten Tempels weniger kultorientiert lebten als ihre nichtjüdischen Zeitgenossen. Einerseits erhöhte die Kultzentralisation die Bedeutung des Kults und steigerte die Heiligkeit des Jerusalemer Tempels, andererseits wurde das alltägliche Leben profanisiert. Das zeigt Dtn 12,20–28: das Schlachten und Essen von Tieren wird profanisiert, wird aus dem kultischen Raum herausgehoben und in den Alltag hinein verlagert. Und dieser Vorgang wird in Zusammenhang mit der Entfernung der Angesprochenen von der ausgewählten Kultstätte gebracht.
Gleichzeitig fand eine Verschiebung hin zur Wortorientierung statt. Wo das Opfer nicht die zentrale Handlung sein kann, um die Begegnung mit der Gottheit zu pflegen, muß dieser Begegnungsraum anderswo gesucht werden. Das Judentum und in seinem Anschluß das Christentum findet den Raum der Gottesbegegnung in der Schrift. Das Hören und Auslegen des Wortes wird zur herausragenden Möglichkeit, dem Gott Israels nahe zu sein. Diese Verschiebung vom Opfer zum Wort verändert auch die Konzeption des Raumes, in dem Versammlung der Gemeinde und Begegnung mit Gott stattfinden soll. Wahrscheinlich bereits zur Zeit der persischen Herrschaft entsteht im Judentum eine andere Art von liturgischem Raum

neben dem Tempel: die *Synagoge.* Deren historische Wurzeln sind bis heute unklar; die wenigen als solche erkennbaren Synagogen Palästinas aus der Zeit vor der Zerstörung des Jerusalemer Tempels zeigen »einen Gebäudetypus, der mit der seit Jahrtausenden stabilen Grundform für einen gottesdienstlichen Raum mit heiligem Bezirk, Altar und das nicht für Versammlungen gedachte (Wohn-)Haus für die Gottheit gebrochen hat, indem alle diese Elemente fehlen, hingegen aber Anklänge an profane hellenistische Versammlungsgebäude greifbar werden. Obwohl die Anfänge der Synagoge bis heute im Dunkeln liegen, sind zwei identitätsstiftende Elemente offensichtlich: Erstens dienen Synagogen zu Versammlungen um die Heiligen Schriften: Synagogenversammlungen waren radikal wortorientiert; gemeinsames Hören, Interpretieren und Lernen der Tora standen in ihrem Mittelpunkt. Zweitens sind Synagogen seit frühester Zeit daran zu erkennen, was sie nicht sind: Sie wollen offensichtlich kein Tempel sein. In vielen Quellen wird auf die multifunktionale Bedeutung von Synagogen hingewiesen: So dienen sie vor allem für Versammlungen am Sabbat, aber auch für Gerichtsversammlungen unter der Woche und können zusätzlich als Herbergen verwendet werden.«[13]

Neben dem Jerusalemer Tempel und der Synagoge entwickelt sich das *Haus* zu einem dritten Raum, in dem gottesdienstliche Handlungen verortet werden können. Das Haus wird vor allem mit der Tätigkeit des Mahlhaltens in Verbindung gebracht, ist aber auch ein Ort der Unterweisung.

Bis heute tragen diese drei Räume liturgische Bedeutung in den Religionsgemeinschaften, die sich auf die biblischen Schriften zurückführen. Im Judentum ist der *Tempel* eine signifikante Leerstelle. Sein Fehlen macht es unmöglich, alle Mizwot (Gebote) der Tora zu erfüllen. Jene Gebote, die mit dem Tempelgottesdienst zusammenhängen, können nicht praktiziert werden. Die Leerstelle wird als schmerzlich erlebt. Das kommt in der Begehung des 9. Aw (*Tisch'a Be-Aw*) als Gedenktag der Tempelzerstörung zum Ausdruck. Die Opfer werden an den entsprechenden Tageszeiten und mit den entsprechenden Namen durch Gebete ersetzt. Und auch das hebräische Wort für Gottesdienst, *ʿᵃbōdāh*, bezeichnet ursprünglich den Tempelkult, wird aber von den jüdischen Autoritäten gezielt auf den Gottesdienst nach der Zerstörung des Tempels übertragen, »um auszudrücken, daß dem Wort des Gebets die gleiche Kraft eigne, Gott und Mensch miteinander zu verbinden, wie dem Opfer«.[14] Die *Synagoge* ist bis heute Versammlungsraum, Ort der Auslegung der Tora und des gemeinsamen Lernens, was in der jiddischen Bezeichnung »Schul« für Synagoge zum Ausdruck kommt. Das *Haus* nimmt im Judentum eine wichtige Stellung als Ort liturgischer Praxis ein. Rituale am Schabbat und zu den Jahresfesten (wie der Sederabend oder das Wohnen in einer Sukkah, in der einer Laubhütte) sind nicht folkloristische Anhängsel zum eigentlichen Fest, sondern integraler Bestandteil der jüdischen Liturgie. Auf diesem Hintergrund ist es auch verständlich, daß die Frau in der jüdischen Tradition als Priesterin des Hauses bezeichnet wird.

Die urchristliche Liturgie hat sich ebenfalls im Spannungsfeld der drei

Räume Tempel, Synagoge und Haus entwickelt. Die jeweilige Bedeutung der einzelnen Räume ist aber konfessionell unterschiedlich. So läßt sich ganz grob der Tempel dem Katholizismus (die Kirche mit einem Allerheiligsten), die Synagoge dem Protestantismus (die Kirche als Versammlungsort) und das Haus dem Pietismus zuordnen. Dementsprechend sind auch die Feste, die in diesen Räumen gefeiert werden, von der unterschiedlichen Akzentsetzung mitbetroffen.

C. Die Feste im Jahreskreis

1. Pessach

Warum wird diese Nacht von allen anderen Nächten unterschieden –
denn in allen anderen Nächten essen wir Gesäuertes und Ungesäuertes,
aber in dieser Nacht nur Ungesäuertes;
in allen anderen Nächten essen wir verschiedene Arten von Kräutern,
aber in dieser Nacht nur bittere,
in allen anderen Nächten tauchen wir nicht ein einziges Mal Kräuter ein,
aber in dieser Nacht tauchen wir zweimal ein,
in allen anderen Nächten sitzen wir aufrecht oder angelehnt,
aber in dieser Nacht nur angelehnt?
Aus der Pessach-Haggada

Das 12. Kapitel des Buches Exodus hat einen eigentümlichen literarischen Charakter. Wie in einem Hologramm verhalten sich Erzählung und liturgische Anweisung zueinander. Je nach Lichteinfall und Perspektive wird einmal das eine, dann das andere sichtbar. Festanweisung und Geschichtserzählung greifen ineinander, damit auch Vergangenheit, Gegenwart und Zukunft. Dieser Text ist innerhalb der Erzählung des Buches Exodus an einer Schwellensituation eingebettet. Er handelt vom Auszug der Israeliten und Israelitinnen aus Ägypten, vom Aufbruch aus dem »Sklavenhaus«. Aber noch ist der Aufbruch Verheißung.
Der Aufbau der Erzählung läßt sich schematisch folgendermaßen darstellen:

V. 1–3a	doppelte **Redeeinleitung:** Gott spricht zu Mose und Aaron, diese zur Gemeinde Israels
V. 1	Ortsangabe (*in Ägypten* → Schwellensituation)
V. 2	Zeitangabe (*sei euch der erste eurer Monate* → etabliert eine neue Ordnung)
V. 3b–20	*futurisch*: Anweisungen für Pessach und Mazzot und Handeln Gottes
V. 21a	**Redeeinleitung**: Mose spricht zu den Ältesten Israels
V. 21b–27a	*futurisch*: Anweisungen für Pessach und Handeln Gottes
V. 27b–42	*Vergangenheit*: Auszugserzählung
V. 40–41	Chronologische Verortung → *genau an diesem Tag*
V. 42	»Nacht des Wachens« Vergangenheit und Zukunft
V. 43a	**Redeeinleitung**
V. 43b–49	*futurisch*: Anweisungen für die Pessachfeier
V. 50–51	*Vergangenheit*: Durchführungsmeldung; *genau an diesem Tag*

Auffällig am Aufbau der Erzählung ist die Häufigkeit von Zeitangaben.

V. 2 etabliert eine neue Zeitordnung und macht so deutlich, daß das Exodusereignis nicht eines unter vielen historischen Ereignissen ist, sondern das Fundament für Israels Identität und für die Geschichte Israels mit seinem Gott legt. V. 41.51 betonen, daß das Ereignis *»genau an diesem Tag«* stattgefunden habe und vermitteln auf diese Weise denjenigen, die Pessach feiern, ein Bewußtsein von Authentizität.
Ex 12 schildert zwei Riten, die die IsraelitInnen durchführen sollen: die Enthaltung von Gesäuertem und das Schlachten und Essen eines Lammes. Diese doppelte Ausrichtung kommt in der doppelten Benennung des Festes zum Ausdruck. »Pessach« bezieht sich auf das Lamm und alles, was damit zusammenhängt, »Mazzot« hingegen auf das Vermeiden von Sauerteig. Religionsgeschichtlich haben diese beiden Riten unterschiedliche Herkunft. Das ohne Sauerteig gebackene Brot als Frucht des Ackers kommt aus dem bäuerlichen Milieu; das Lamm aus dem Hirtenmilieu. In den ältesten Texten (Ex 23,14; 34,23; Dtn 16,16) wird das im Frühling stattfindende erste der drei Wallfahrtsfeste als Mazzenfest bezeichnet. Sieben Tage sollen die IsraelitInnen nur ungesäuerte Brote essen. In Dtn 16,1–8 sind die beiden Riten schon verschmolzen; zum Pessachlamm ißt man ungesäuertes Brot dazu. Das Mazzotfest geht im Pessachfest auf.
Die Wortbedeutung von »Pessach« (griechisch: Pascha) ist unklar. Während das Nomen »Pessach« recht häufig vorkommt, ist das Verb, das über eine Grundbedeutung Auskunft geben könnte, nur an sieben Stellen zu finden. Allein in Ex 12 kommt es dreimal vor und bezeichnet eine Bewegung Gottes, die ihn an den durch das Blut gekennzeichneten Häusern der IsraelitInnen vorbeiführt. Man übersetzt deshalb mit »vorübergehen« oder auch mit »verschonen«. Andere Stellen weisen aber auf den Zusammenhang mit Lähmung hin (2 Sam 4,4) und auch mit tanzen oder hüpfen (1 Kön 18,26). Eine Möglichkeit wäre, im Anschluß an 1 Kön 18,26 einen Ritus anzunehmen, bei dem getanzt oder gehüpft wurde. Dieser Ritus wäre in den Namen Pessach eingegangen. Auch eine Herleitung aus dem Ägyptischen ist möglich; da wäre es verwandt mit dem Wort *sech* für Schlag zusammen mit dem Artikel *pa*, was inhaltlich zum Handeln Gottes an dieser Stelle passen würde. *Pa sech* heißt ägyptisch der Schlagende.[15]
Der Pessach-Ritus steht mit dem Lamm, einer Ziege oder einem Schaf in Zusammenhang. Dieses soll geschlachtet und im Kreis der Familie gegessen werden. Das Blut des Lammes spielt eine besondere Rolle; etwas davon soll an die Türpfosten der Häuser gestrichen werden. Diese Handlung kann religionsgeschichtlich als apotropäischer Ritus verstanden werden, als ein Ritus, der böse Kräfte abwehren soll.
Das Blut gilt als Sitz des Lebens (Dtn 12,23) und ist für Israel heilige Materie, die unter gar keinen Umständen gegessen werden darf. In Ex 12 wird das Blut an den Türen im Kontext der zehnten Plage, des Sterbens der Erstgeborenen, zum Zeichen dafür, daß in dem Haus IsraelitInnen wohnen. In V. 23a ist es ebenso wie in V. 12f der Gott Israels selbst, der umhergeht und die Ägypter schlägt. In V. 23b wird aber – vergleichbar der Rolle des Satans

im Ijobprolog – eine Figur zwischen Gott und die Ägypter geschaltet. Da heißt es, der Gott Israels werde dem *Vernichter* nicht erlauben, in die gekennzeichneten Häuser einzudringen, um zu schlagen. Die Handlung des Schlagens bleibt dieselbe, das unmittelbare Subjekt aber ist ein anderes. So zeigt der Text, daß auch für die Erzählgemeinschaft Israels, die ihre Befreiung dem Gott des Exodus verdankt, die Vernichtung der ägyptischen Erstgeborenen nicht ungebrochen mit dem Gott des Lebens in Verbindung gebracht wird. Der jüdische Exeget Benno Jacob bringt in seinem Exoduskommentar aus den Jahren 1935–1943 den Modus des Essens des Pessach-Lammes in Verbindung mit der Haltung der IsraelitInnen, die das Leid der Ägypter nicht unberührt lassen kann. Gegen die gängige Übersetzung von *b^{e}chipāzōn* in V. 11 mit »in Eile« übersetzt Jacob »in Angst« und meint damit die »Seelenstimmung, in der das Essen vorgenommen wird«[16].
»Die israelitischen Häuser dürfen sich geborgen wissen, aber *können sie bei dem Entsetzlichen unbewegt bleiben? [...]*Es ist die Gesinnung von Spr 24,17, die auch die Tora verlangt: Wenn dein Feind fällt, freue dich nicht und wenn er strauchelt, juble nicht dein Herz. Denn was da geschieht, soll nicht etwa menschlichen Rachedurst befriedigen, sondern ein furchtbares, aber notwendiges Gottesgericht sein, mit dem ER in seiner Heiligkeit durch das Land wandelt. Zwar nicht Opfer aber Zeugen, können die Israeliten nicht anders als von bangen Schauern durchbebt sein.«[17]
Das gesamte Pessach-Lamm wird zum Zeichen der Zugehörigkeit. In dieser Nacht ist die Unterscheidung zwischen ÄgypterInnen und IsraelitInnen eine Frage des Überlebens. Diese Grenzlinie zwischen Israel und Nicht-Israel geht in der Geschichtserzählung glatt auf, bereitet aber im Kontext der Festanweisung Schwierigkeiten. Das Problem, das in V. 43–49 verhandelt wird, ist ein Problem des Verheißungslandes. Das Wohnen im verheißenen Land und später in der Diaspora geschieht inmitten eines Völkergemischs. Hier muß geklärt werden, wer zu der Gemeinschaft gehört, die dieses Fest der Erinnerung miteinander feiert. Die Festanweisung unterscheidet zwischen verschiedenen Gruppen: zwischen Fremden, die sich im Land aufhalten, aber sich nicht der Gemeinschaft Israels anschließen, und Fremden, die zwar ursprünglich nicht Israeliten waren, die aber durch Beschneidung zu solchen geworden sind. Das Hauptkriterium ist die Zugehörigkeit zum Volk Israel, repräsentiert in der Beschneidung. Frauen und Kinder werden in einem solchen System als zugehörig zu den jeweiligen Männern angesehen.
Das Lamm soll im Kreis einer Familie gegessen werden; das eigene Haus soll nicht verlassen werden. Es bedeutet im Kontext der Nacht des Auszugs Schutz; seine Schwelle ist markiert, wer sich außerhalb eines so markierten Hauses aufhält, ist gefährdet. Die Konzentration auf das Haus weist aber auch darauf hin, daß das Haus durch die geschilderten Riten zu einer Sphäre der Heiligkeit geworden ist, zu einem Bereich, der aus dem Alltäglichen und Profanen herausgehoben ist. Das Hinaustreten aus diesem Bereich würde auch die Sphäre der Heiligkeit verletzen.
Im jetzigen Kontext ist aus dem ursprünglich zentralen Mazzotfest eine

Beigabe geworden zum wichtigeren Pessach. Aber immer noch ist das ungesäuerte Brot, neben den Bitterkräutern, Bestandteil des Pessachmahls. Das Essen ungesäuerten Brots symbolisiert die Eile des Aufbruchs, in der keine Zeit mehr ist, richtiges Brot zu backen. Das Ungesäuerte weist aber auch auf das gänzlich Neue hin, da Sauerteig immer einen Rest von Altem enthält. Der jüdische Brauch des Chamez-Suchens, bei dem tatsächlich alles Gesäuerte aus dem Haus entfernt und die Reste verbrannt werden sollen, macht diesen Aspekt der Mazzot noch heute deutlich.
Das Pessachfest vergegenwärtigt jedes Jahr aufs Neue ein historisches Ereignis. Es gibt den Feiernden die Möglichkeit, das Gedenken nicht rein intellektuell zu vollziehen, sondern in symbolischen Handlungen den Weg der Auszugsgeneration mitzugehen. Die Eile des Auszugs ist in den Mazzot präsent, die Bedrohung im Schlachten und Essen des Lammes, die Bitternis des SklavInnendaseins in den Kräutern. Bis heute werden diese Elemente in die Sederfeier, die Feier des ersten Abends von Pessach, mit aufgenommen. Zum angebratenen Knochen *Sroa*, der das Lamm symbolisiert, den drei *Mazzot* (für Priester, Leviten und Volk Israel), und den Bitterkräutern *Maror* kommen auf den Sederteller das Ei *Beza* (dessen Bedeutung unklar ist, wahrscheinlich aber Frühling und Neubeginn darstellt), der Fruchtbrei *Charosseth* (dessen Farbe an die ägyptischen Lehmziegel, die die SklavInnen herstellen mußten, erinnert), die Erdfrucht *Karpaß*, die die Seßhaftwerdung im Land repräsentiert, und das *Salzwasser* zur Erinnerung an die Tränen der IsraelitInnen in Ägypten.
Das *Erzählen* des Exodusereignisses verbindet sich von Anfang an mit anderen Formen des kulturellen Gedächtnisses: mit Zusammenkunft, dem gemeinsamen Essen bestimmter Speisen, rituellen Handlungen am eigenen Haus. Die Auszugserzählung ist – in der Lesereihenfolge der Tora in Ex 12 – zuallererst Festanweisung, nicht »reine« Historie. Das Exodusgeschehen erweist sich darin als fundierende Erinnerungsfigur der Identität Israels. Es ist weniger historisches Ereignis als zentrale Erinnerungsfigur des kulturellen Gedächtnisses. Die Historizität von Exodus und Landnahme, wie sie in der Bibel dargestellt werden, ist im Rahmen von Rekonstruktionen der Anfangszeit Israels in den letzten Jahren immer stärker angezweifelt worden. Gegenwärtig geht man eher von einer autochthonen Entstehung Israels als sozialer Umschichtungsbewegung innerhalb Kanaans aus, die unter Umständen mit einer kleinen »Exodusgruppe« in Verbindung trat. Der Abschied von der biblischen Darstellung als historisch zutreffender hat jedoch keinen Einfluß auf die Relevanz des Exodus als Erinnerungsfigur. Die Wahrheit des Erzählens steht außer Frage. Das bedeutet, daß die erzählten Inhalte für die Erzählgemeinschaft identitätsstiftend und in diesem Sinn wahr sind. Der Exodus mag, so wie er in der Bibel erzählt wird, nur zu einem geringen Teil ein Ereignis der Geschichte sein, er ist aber in jedem Fall ein Großereignis des kulturellen Gedächtnisses. Diese Geschichte enthält hohes Identifikationspotential. »Alle entscheidenden Elemente der späteren israelitischen Geschichte, die zu einer einzigartigen Verfestigung der Tradi-

tion geführt haben, finden sich bereits in diesem Identitätsstiftungsakt präfiguriert: die Exil- bzw. Diasporasituation der Kinder Israels in Ägypten, die Situation der Minorität, der Unterdrückung und des Widerstands gegen den Assimilationsdruck einer materiell überlegenen Kultur mit ihren ›Fleischtöpfen‹ (Ex 16,3) [...,] vor allem aber die Figuren der ›Befreiung‹ und der ›Extraterritorialität‹. [...] Der Bundesschluß geht der Landnahme voraus. Das ist der entscheidende Punkt. Er ist extraterritorial und daher von keinem Territorium abhängig. In diesem Bund kann man überall verbleiben, wohin auch immer auf der Welt es einen verschlägt.«[18]
Das kulturelle Gedächtnis bewahrt Inhalte über jenen Zeitraum hinweg auf, in dem Ereignisse noch direkt von ZeitzeugInnen kommuniziert werden können. Dieser Zeitraum umfaßt etwa drei bis vier Generationen. Was in dieser Zeit geschieht, gehört zum kommunikativen Gedächtnis. Das kulturelle Gedächtnis dagegen ist grundsätzlich nach vorne hin offen; seine Aufgabe ist es sogar, die Gedächtnisinhalte so zu kommunizieren, daß sie von einer potentiell offenen Anzahl von Generationen angenommen und weitergegeben werden können. Das geschieht allerdings nur dann, wenn diese Inhalte nicht nur gewußt werden, sondern ihre je neue Plausibilitätsstruktur entwickeln können. Das Bewahren des kulturellen Gedächtnisses ist hochgradig gefährdet. Die für eine Kultur zentralen Inhalte sind stets vom Vergessen bedroht. Dem Vergessen stehen in der biblischen Terminologie das Erinnern und das Bewahren gegenüber. In der jüdischen Gedächtniskultur sind diese beiden Verben zentral, die die beiden Schabbatgebote in Dtn 5 bzw. Ex 20 einleiten. Erinnern und Bewahren gehören zu den großen Imperativen der hebräischen Bibel. Häufigkeit und Dringlichkeit des Imperativs zu erinnern zeigen, in welch hohem Maß die zentralen Inhalte der biblischen Gedächtniskultur vom Vergessen bedroht waren. Besonders das Leben *im* Land Israel steht unter dem Vorzeichen der Gefahr, Gott zu vergessen. »Wenn du satt bist und schöne Häuser baust und darin wohnst«, so heißt es in Dtn 8,12, dann ist die Gefahr besonders groß, daß Israel den Gott vergißt, der es aus dem Sklavenhaus Ägypten geführt hat (V. 14). Die Exoduserinnerung gehört zum toragemäßen Leben im Land dazu.
Nicht nur das Daß der Erinnerung ist nicht selbstverständlich, sondern auch das Wie der Erinnerung. Auch die Art und Weise, wie die Menschen sich erinnern, muß gelernt, weitergegeben und eingeschärft werden. Das Erinnern, das die Bibel meint, ist kein rückwärtsgewandtes Starren auf die Vergangenheit, sondern ein Sich-Ausstrecken nach einer Zukunft, die weiß, auf welchen Fundamenten sie steht. Die Exoduserinnerung ist fundierende Erinnerung auch in dem Sinn, daß sie es ermöglicht, der Weisung JHWHs entsprechend zu handeln. Nicht zufällig leiten beide Dekalogfassungen ihre Gebote mit einem Hinweis auf das Exodusereignis ein; nicht zufällig steht die Erinnerung an das eigene Dasein als Sklave und Sklavin immer wieder in Zusammenhang mit der Formulierung von Geboten, die die Würde des Anderen sichern helfen. Eine Ethik Israels ohne die ständige Erinnerung an das Exodusereignis und JHWH, der sich durch eben dieses Ereig-

nis als Gott Israels erwiesen hat, ist nicht denkbar. Das Interesse an der Weitergabe dieser Inhalte und Formen ist also eminent theologisch und ethisch. Die Pflege des kulturellen Gedächtnisses, die Sorge dafür, daß dessen Inhalte nicht in Vergessenheit geraten, sondern von Generation zu Generation weiter vermittelt werden und von Generation zu Generation weiterhin plausible Weltdeutung ermöglichen, obliegt in Israel zu einem nicht geringen Teil der Festkultur. So wie jede Kultur neben den Inhalten ihres Gedächtnisses auch spezifische Formen herausbildet, so tut das auch Israel, indem es zur Pflege des Gedächtnisses unter anderem das Fest nutzt. Die Weitergabe identitätsstiftender Inhalte und Plausibilitätsstrukturen braucht die Gleichförmigkeit von Abläufen, wie sie in rituell gestalteten Festen gegeben ist.

Die Festanweisung und Erzählung Ex 12 spiegelt in Struktur (Mischung aus Festanweisung und Geschichtserzählung), Wortwahl (z.B. Leitwort »bewahren«) und Inhalt (Thematisierung des Problems der Vermittlung in V. 26f) zentrale Probleme des kulturellen Gedächtnisses. Der Text baut einen Kontrast auf zwischen den Alten und den Jungen. Er unterscheidet innerhalb Israels mehrere Gruppen, denen die Überlieferung anvertraut ist und denen sie gilt. Gott spricht zu Moses und Aaron, diese wiederum zu den Ältesten des Volkes. Mit dem Kontrast zwischen alt und jung, zwischen den »Ältesten Israels« (V. 21) und den »Kindern« (V. 24.26) wird in Ex 12 die zentrale Frage der generationenübergreifenden Kommunikation strukturell repräsentiert. Faßte man Ex 12 nur als Geschichtserzählung auf, dann wäre die hier angesprochene Generation der Kinder eigentlich ganz von selbst eingeweiht, weil beim Ereignis selbst dabei. Die Frage »Was ist euch dieser Dienst?« (V. 26) wäre dann ganz und gar unverständlich. Erst Ex 12 als Festanweisung gelesen macht die ritualisierte Weitergabe der Inhalte verständlich und auch notwendig. Es geht also nicht um die unmittelbar auf den Exodus folgende Generation, der der Sinn des Pessachmahls nicht mehr einleuchtend wäre, sondern um alle weiteren Generationen. Explizit kommt der Zukunftsaspekt in V. 14.17.24 zum Tragen. Da geht es um die Bewahrung einer festen Regel für die weiteren Generationen (V. 14.17) bzw. für die Kinder.

Der Prozeß des Bewahrens ist aber keiner, der einseitig von der älteren Generation zur jüngeren verläuft, sondern Ex 12 geht von einer dialogischen Bewegung aus: die Frage der Kinder leitet die Unterweisung ein. Ex 12,25f bringt die Didaktik des Festes auf einen Punkt. Viermal spricht die Tora von der Weitergabe der Exoduserinnerung an die Kinder, viermal thematisiert die Tora den im kulturellen Gedächtnis zu überbrückenden Generationengraben: Ex 12,26f; Ex 13,8; Ex 13,14f; Dtn 6,20–23. An drei der vier Stellen geht die Unterweisung vom Kind aus, das eine Frage stellt. Besonders im Dtn wird deutlich, daß die Unterweisung nicht nur um ihrer selbst willen erfolgt, sondern weil ohne sie das Halten der Gesetze und Rechtsvorschriften sinnlos wäre. Das Pessachfest hat schon in früherer Zeit bis heute diese Frage der Kinder als Strukturelement übernommen. Aus den vier Fragen in der Tora werden in der Liturgie des Sederabends, wie sie in der Pessach-Haggada geschildert wird, vier Kinder, die ihre Fragen stellen: das kluge Kind, das böse Kind, das einfältige Kind und zuletzt das Kind, das noch nicht zu fragen versteht.

Die Tora spielt auf vier Kinder an: Eins ist klug, eins ist böswillig, eins ist einfältig und eins hat noch nicht gelernt zu fragen.
Was fragt das kluge Kind?
Es fragt: »Was bedeuten die Verpflichtungen, die Satzungen und die Rechtssprüche, die der Ewige, unser Gott, uns geboten hat?« (Dtn 6,20)
Dieses Kind sollst du die Richtlinien für das Pessachfest lehren, sogar die schwierige Bestimmung »Man darf das Pessachmahl nicht mit einem Afikoman abschließen.« (mPes 10,8)
Was fragt das böswillige Kind?
Es fragt: »Was bedeutet dieser Gottesdienst für euch?« (Ex 12,26) *Es fragt: »für euch«, nicht auch für sich selbst! Weil es sich aus der Gemeinschaft ausgeschlossen hat und die Hauptsache abgestritten hat, darum sollst du seine Worte gegen es wenden und ihm antworten: »Dies geschieht wegen der Taten, die der Ewige mir getan hat, als ich aus Ägypten ausgezogen bin.«* (Ex 13,8) – *Mir und nicht dir! Denn du wärst nicht erlöst worden, wenn du dort gewesen wärst.*
Was fragt das einfältige Kind?
Es fragt: »Warum das alles?« (Ex 13,14) *Ihm sollst du antworten: »Gott hat uns mit starker Hand aus dem Sklavenhaus Ägypten herausgeführt.«* (Ex 13,14)
Bei dem Kind, das noch nicht zu fragen gelernt hat, mußt du zu erzählen beginnen, denn es heißt: »Und an jenem Tag sollst du deinem Kind erzählen....« (Ex 13,8)

Die Identifikation mit der Auszugsgeneration nimmt in der Pessach-Haggada einen hohen Stellenwert ein, wie an der Zuschreibung der Frage nach der Bedeutung des (Gottes)Dienstes »für euch« zum »böswilligen Kind« deutlich wird. Im Pessachfest werden Erzählung und symbolisches Handeln verbunden, um gemeinsam im Dienst der Erinnerung zu stehen. Sie ermöglichen der nächsten Generation, sich mit den Generationen davor bis hinauf zur Auszugsgeneration zu identifizieren. Aus dem »Ihr« und »Euch« wird das »Wir« und »Uns«.

2. Darbringung der Erstlingsfrüchte

Dort schnitten sie eine Rebe mit einer Weintraube ab
und trugen sie zu zweit auf einer Stange.
Num 13,23

Das biblisch bezeugte Garbenfest ist weder in den jüdischen noch in den christlichen Festkalender eingegangen. Es steht allerdings mit der Ernte in

Zusammenhang und kann zwar nicht kalendarisch, aber doch von der Intention her mit dem Brauch des Erntedanks in Verbindung gebracht werden. Ursprünglich wurde wahrscheinlich der erste Schnitt noch auf dem Feld der Gottheit dargebracht.[19] Nun wird die Garbe dem Priester gebracht, der sie in Form eines bestimmten Ritus der Gottheit darbringt. Zwischen die Erntenden und die Gottheit wird, je weiter »fortgeschritten« die Religion ist, Kultpersonal geschaltet. Der unmittelbare Kontakt zwischen dem Arbeitenden und der Gottheit, die Unmittelbarkeit von Erntevorgang und kultischer Handlung geht verloren. Der Ritus, mit dem der Priester die Garbe der Gottheit darbringt, der *tenufah*-Ritus, wird in deutschen Übersetzungen häufig als »Schwenk-Ritus« wiedergegeben, was damit zusammenhängt, daß schon alte Auslegungen den hebräischen Begriff als horizontale Bewegung, als Hin- und Herschwenken, verstanden haben. Wahrscheinlicher aber ist es – auf der Basis von Vergleichen mit altorientalischem Bildmaterial, daß »es sich um ein einfaches Hochheben der Opfergabe zur Präsentation vor der Gottheit«[20] handelt.

Nachdem die Priester die Gabe auf diese Weise vor die Gottheit gebracht haben, wird ein Teil verbrannt, ein Teil von den Priestern gegessen. Daß die Erstlingsfrüchte Gott dargebracht werden, hat eine tiefe theologische Bedeutung. Zunächst einmal, und das trifft man religionsgeschichtlich überall, dankt man auf eine solche Weise der Gottheit für die Fruchtbarkeit des Landes. In Kanaan, der unmittelbaren Umgebung des biblischen Israel, waren besonders der Gott Baal und die Göttin Aschera für die Fruchtbarkeit zuständig. Sie waren dafür verantwortlich, daß es zur rechten Zeit regnete, daß nach dem toten Winter der Erdboden wieder neues Grün hervorbringt. Das Verhältnis zwischen der Gottheit Israels und dem Land ist ein anderes. Der Gott Israels ist kein Fruchtbarkeitsgott, dennoch wird ihm bei der Ernte gedankt. Denn dem Gott Israels ist es zu verdanken, so die biblische Geschichtsauffassung, dass das Volk Israel sich überhaupt im Land Israel befindet, dass Israel also überhaupt eine Ernte hat, die es als Volk in seinem eigenen Land feiern kann. Das Bild, unter dem eigenen Weinstock und dem eigenen Feigenbaum zu sitzen und deren Früchte zu genießen(1 Kön 5,5; 2 Kön 18,31; 1 Makk 14,12; Jes 36,16; Mi 4,4; dagegen Jer 5,17), ist der Kontrast zur Erfahrung, daß andere das ernten, was man selbst gesät hat, und andere in den Häusern wohnen, die man selbst gebaut hat (Dtn 28,30; Am 5,11). Beide Bilder zeigen, wie wenig selbstverständlich es Israel war, die Früchte des eigenen Landes genießen zu können.

Israel ist zwar mit dem Land verbunden, die Menschen sind aber nicht Eigentümer des Landes. Der Gott Israels ist nicht nur der, der durch Exodus und Landgabe Israel dieses Land gegeben hat, sondern er ist bleibender Eigentümer dieses Landes. Das bedeutet, daß kein Israelit sich als der Herr des Landes verstehen kann, das er bewirtschaftet; er hat es nur als Lehen bekommen. Diese Verantwortung erschöpft sich nicht darin, Gott die angemessenen Opfer vom Ertrag des Landes darzubringen, sondern erstreckt sich auch auf das soziale Verhalten. Die Regelungen zu Nachlese, zum

Abernten der Felder und zum Brachjahr (Lev 19,9f; 25; Dtn 24,19–22), die in der Armenfürsorge, in der Sorge für »Fremde, Witwen und Waisen« ihren Sitz haben, sind ein Ausdruck des Wissens darum, daß der freie Israelit nicht Eigentümer des Landes ist, das er bewirtschaftet. Im Kontext des Fests der Garbendarbringung trägt V. 22 diese ethische Dimension in das Fest mit ein:

Und wenn ihr die Ernte eures Landes erntet, darfst du den Rand deines Feldes nicht vollständig abernten, und du sollst keine Nachlese deiner Ernte halten; für den Elenden und für den Fremden sollst du sie lassen. Ich bin JHWH, euer Gott.

»Ich bin JHWH, euer Gott« heißt dann: ich habe euch das Land gegeben, von dem ihr jetzt ernten könnt. Und: ich bin der Gott, der sich dafür verantwortlich sieht, daß die Armen unter euch ihr Auskommen haben. Der Gott Israels steht für diese Sozialordnung, sein Name wird immer wieder genannt, wenn es um solche Gebote und Vorschriften geht.

3. Das Wochenfest

Als Gott die Tora dem jüdischen Volk anbot,
sprach dieses sofort: »Wir werden tun und hören!«
Da offenbarte Gott die Tora dem jüdischen Volk.[21]

Sieben Wochen nach Erntebeginn wird das Wochenfest gefeiert (Ex 23,16a; 34,22a; Lev 23,15–21; Num 28,26–31; Dtn 16,9–12). Es wird zunächst nicht historisierend mit einem Ereignis aus dem Feld des Exodusgeschehens und der anschließenden Wüstenwanderung verknüpft, sondern gilt als reines fröhliches Erntefest. Während die anderen Wallfahrtsfeste mit historischen Ereignissen verbunden werden, ist für das Wochenfest keine ausdrückliche Historisierung überliefert. Aber auch in Dtn 16,12 wird am Abschluß der Anweisungen für das Wochenfest eine Verbindung mit dem Exodusereignis hergestellt, wenn der Text das Halten der Gebote mit der Erinnerung an das Sklavendasein in Ägypten motiviert. »Außerdem kann man indirekt eine Historisierung aus Dtn 26,1–11 erschließen. Dort wird die Darbringung von Erstlingsgaben von der Ernte vorgeschrieben, die man mit dem Wochenfest in Verbindung bringen könnte, bei dem ebenfalls von Erstlingen die Rede ist. Hier wird die Gabe des Landes durch Gott zum Anlaß für ein ausdrückliches Dankgebet für diese Gabe genommen (V. 1–3), verbunden mit einem credoartigen Rückblick auf die Geschichte von der Herausführung aus Ägypten bis zur Hineinführung in das verheißene Land (V. 5–10).«[22] In rabbinischer Zeit erst wird an diesem Fest ausdrücklich die Gabe der Tora gefeiert, und es wird mit dem Sinai-Ereignis verbunden. So wird man sagen können, daß das Wochenfest zwar dasjenige der Wallfahrtsfeste ist, das sich am stärksten gegen eine Historisierung gesperrt hat und das in biblischer Zeit am intensivsten mit dem bäuerlichen Erleben verbunden geblieben ist. Aber schon in biblischer Zeit gab es eine Öffnung des Erntedanks auf das Ereignis von Exodus und Landgabe hin, ohne das der Dank für die eingebrachte Ernte gar nicht möglich wäre.

Auf den Erntezusammenhang weist auch der Ausdruck »Fest des Schneidens« (Ex 23,16) hin, der sich auf das Schneiden des Getreides bezieht. Im Alten Testament werden Gerste und Weizen als Getreidesorten erwähnt. Der Weizen ist die spätere dieser beiden Sorten; wenn Dtn 16,9 vom Anlegen der Sichel an den Halm spricht, dann ist damit wahrscheinlich die Gerstenernte gemeint. Von dieser sollen sieben Wochen bis zum Wochenfest gezählt werden.

In Dtn 16 finden sich auch die ausführlichsten Ausführungen zum Wochenfest.

> [9]*Du sollst* ***sieben Wochen*** *zählen. Wenn man die Sichel an den Halm legt, sollst du beginnen, die* ***sieben Wochen*** *zu zählen.*[10]*Danach sollst du JHWH, deinem Gott, das* ***Wochenfest*** *feiern und dabei eine freiwillige Gabe darbringen, die du danach bemißt, wie JHWH, dein Gott, dich* ***gesegnet*** *hat.* [11]*Du sollst vor JHWH, deinem Gott,* ***fröhlich*** *sein, du, dein* ***Sohn*** *und deine* ***Tochter****, dein* ***Sklave*** *und deine* ***Sklavin****, auch die* ***Leviten****, die in deinen Stadtbereichen Wohnrecht haben, und die* ***Fremden, Waisen und Witwen****, die in deiner Mitte leben. Du sollst* ***fröhlich*** *sein an der* ***Stätte****, die der Herr, dein Gott, auswählt, indem er dort seinen* ***Namen*** *wohnen läßt.* [12]*Denk daran: Du bist in Ägypten Sklave gewesen. Daher sollst du auf diese Gesetze achten und sie halten.*

Mehrere für die Festtheorie zentrale Aspekte tauchen in diesem Text auf. Zunächst einmal wird das Datum genau festgelegt. Die Bedeutung der Siebenerzahl liegt nicht nur in der Natur der Sache; es ist sogar fraglich, ob man den Abstand von Gersten- und Weizenernte so genau bestimmen kann. Die Zahl Sieben taucht immer wieder besonders im Deuteronomium auf und hat auch symbolische Bedeutung im Sinn von Fülle und Vollständigkeit. In der Festanweisung wird ein Zusammenhang hergestellt zwischen dem Anlaß der Ernte und dem Segen durch JHWH. Der Segen Gottes drückt sich in der Erntefülle aus. Fröhlich zu sein wird als Ausrichtung des Festes hier gleich zwei Mal erwähnt. Das Fröhlich-Sein, die »Lust Israels vor seinem Gott«[23] bildet das Herzstück der deuteronomischen Festtheorie (s.u. S. 56–60).

Hervorzuheben ist die Liste der Feiernden. Die kürzestmögliche Liste von Feiernden heißt »du und deine Familie« (Dtn 14,26; 15,20). In Dtn 16,11 werden die Mitglieder des Hauses aufgezählt. Demnach gehören neben dem angesprochenen Du auch der Sohn, die Tochter, der Sklave und die Sklavin dazu, ebenso jene Leviten, die in der betreffenden Stadt wohnen. Den Leviten kommt bei der Aufteilung des Landes kein eigener »Erbbesitz« zu. Sie sind über ganz Israel verteilt und konzentrieren sich später wegen ihrer Aufgaben im Kontext des Tempels in Jerusalem. Neben den Fremden, Witwen und Waisen kommt ihnen besonderer Schutz zu. Diese Bevölkerungsgruppen haben zum Teil kein eigenes Haus (im Sinn des Sozialzusammen-

halts) und keinen eigenen Grundbesitz, der Ernteerträge abwirft. Deshalb entwirft die Bibel, insbesondere das Deuteronomium, für diese Gruppen eine besondere Sozialgesetzgebung. Diese baut nicht auf freiwillige Almosen auf, sondern darauf, daß diesen Randgruppen der Gesellschaft ein Rechtsanspruch auf Unterstützung zukommt. So dürfen Felder und Weinberge nicht ganz abgeerntet werden, im Brachjahr gehört das, was ohne Saat auf den Feldern wächst, jenen, die nicht auf eigenem Grund und Boden leben. Beim Wochen- und Laubhüttenfest wird die Festgemeinschaft des Hauses um diese typisch deuteronomische Liste erweitert. Die Landbesitzenden sind angehalten, auch die Fremden, Witwen und Waisen einzuladen, dieses Fest zu feiern. Das Erntefest ist also keine Sache allein der Landbesitzenden, sondern alle in diesem Bereich Wohnenden tragen zum Gelingen des Festes bei. Die »soziale Frage« findet nicht jenseits von Lust und Freude statt, sondern die Randgruppen der Gesellschaft sind einbezogen in das Fest. Auch hier zeigt sich wieder, daß der Umgang mit sozialen Fragen nicht von der Ethik des Almosens geprägt ist, sondern vom Einbeziehen derer, die am Rand stehen. Daß das keine Selbstverständlichkeit ist und auch damals keine war, zeigt sowohl die Tatsache, daß diese Formulierungen immer wieder vorkommen und daß immer wieder Regelungen gefunden und eingeschärft werden müssen, als auch der Hinweis auf den Status als Fremde und SklavInnen, den die IsraelitInnen selbst in Ägypten hatten. Die Erinnerung an die eigene Unterdrückungsgeschichte soll ethisches Verhalten fördern, aus der Identifikation soll Verantwortung erwachsen.
Nun bleibt es noch zu bestimmen, wer das angesprochene »Du« dieser und anderer Festanweisungen ist. »Was die Familien angeht, so zielen die Listen in allen Fällen auf *Vollständigkeit*. Von den Personen, die bei einer israelitischen Großfamilie in Frage kommen, fehlen zwar die ›Väter‹ und die ›Brüder‹, ferner die ›Nächsten‹. Aber sie haben alle ihre eigene Familie und sind deshalb vom ›Du‹ bzw. ›Ihr‹ der Gesetze direkt angesprochen. Um so mehr fällt auf, daß auch *die ›Frau‹ nicht genannt* wird. Das bedeutet entweder, daß die freie Frau und Familienmutter im angeredeten ›Du‹ (oder ›Ihr‹) mitangesprochen ist, oder daß sie, während die ganze Familie, selbst die Sklaven eingeschlossen, auf Wallfahrt zieht und in Jerusalem das Opfermahl ›genießt und sich freut‹, stets als einzige am Heimatort das Haus hüten und in dieser Zeit für alle die Arbeit leisten soll. Das zweite ist kaum denkbar. Eine solche Auslegung widerspräche nicht nur der alten Wallfahrtstradition, wie sie sich noch in 1 Sam 1 erhalten hat, sondern auch der gleichen Wertschätzung beider Geschlechter, die sich im Deuteronomium auch sonst zeigt.«[24]
So wird man voraussetzen können, daß in der Praxis zwar Leute zu Hause bleiben, um den Hof zu bestellen. Aber dem Deuteronomium ist daran gelegen, diese Aufgabe nicht personell zu spezifizieren, sondern grundsätzlich offen zu halten. Nur so erfüllt sich die Vorstellung eines gesamten Volkes als feiernder Gemeinschaft.
Die nachbiblische Verbindung des Wochenfests mit der Gabe der Tora auf dem Sinai holt noch einen weiteren biblischen Text in den Kontext des Wo-

chenfestes hinein. Das Rutbuch wird als Megillah, als Festrolle am Wochenfest gelesen. Zwischen dem Rutbuch und dem Wochenfest gibt es mehrere Verbindungslinien. Auch das Rutbuch spielt im Erntezusammenhang. Auch im Rutbuch werden jene Regelungen eingespielt, die in Israel für den Umgang mit den sozial Schwachen gelten. Der primäre Kontext des Wochenfestes – Ernte – hat also seine Entsprechung im Rutbuch. Ebenso der sekundäre Kontext – die Gabe der Tora am Sinai – verbindet das Rutbuch mit dem Wochenfest. Die jüdische Tradition versteht dieses Ereignis als Übergabe der schriftlichen und der mündlichen Tora. Die schriftliche Tora, der *TaNaCh*, besteht aus Tora, Neviim (Propheten) und Ketuvim (Schriften). Diese 24 Bücher (vom Umfang her ist das das Alte Testament der evangelischen Kirchen) bilden die jüdische Bibel. Dazu kommt in der jüdischen Tradition die mündliche Tora als Auslegung der schriftlichen Tora. In diesem umfassenden Sinn ist die Tora vom jüdischen Volk am Berg Sinai angenommen worden. Dabei spielt die Erzählung eine Rolle, Gott habe auch anderen Völkern das Angebot unterbreitet; nur Israel aber habe gesagt: »wir werden tun und hören«. Die Stellung des Tuns vor dem Hören weist auf die Bedingungslosigkeit der Annahme der Tora hin und auf die Selbstverpflichtung, die 613 Gebote der Tora zu halten.

Ebenso wie das Volk Israel am Sinai die Tora angenommen hat, so nimmt auch Rut die Tora an, wenn sie sich ihrer Schwiegermutter Noomi anschließt und mit ihr nicht einfach nur nach Betlehem zurückkehrt, sondern sich auch Noomis Volk und ihrem Gott anschließt mit dem Treueversprechen Rut 1,16f:

... Dein Volk ist mein Volk, und dein Gott ist mein Gott....

Rut akzeptiert damit implizit die 613 Gebote der Tora. Das schlägt sich auch in ihrem Namen nieder, der den Zahlenwert 606 trägt, exakt die Anzahl von Geboten, die Rut im Kontext ihrer Bindung an das Judentum annimmt. Denn als Nichtjüdin war sie bereits den 7 noahidischen Geboten verpflichtet[25], so daß nur noch 606 Gebote Differenz zu den vollen 613 Geboten der Tora sind. Rut gilt in der jüdischen Tradition als Typos der Proselytin. Das Annehmen der Tora verbindet sie mit Israel am Sinai und damit mit dem Wochenfest.

Die jüdische Tradition sieht außerdem eine Verbindung Davids zum Wochenfest. Der wichtigste König Israels sei an einem Wochenfest geboren und 70 Jahre später an einem Wochenfest gestorben. Auch über David wird die Linie zwischen dem Wochenfest und dem Rutbuch verstärkt. Denn »David« ist nicht nur das letzte Wort des Rutbuchs, sondern der Davidbezug ist auch durch den Handlungsort Betlehem gegeben. Rut ist Ahnfrau Davids und in späterer jüdischer Auslegung auch des Messias (siehe den Stammbaum Jesu in Mt 1).

Doch nicht nur die Hauptperson Rut verbindet die Rutrolle mit der Tora und damit mit dem Wochenfest. Das Buch Rut selbst kann als Auslegung der Tora gelesen werden. Die intertextuellen Bezüge sowohl zur erzählenden Literatur des Pentateuch, insbesondere zur Genesis, als auch zu den

Rechtstexten sind sehr umfangreich. »Von seiner literarischen Intention her ist das Rutbuch aufgrund dieser Beobachtungen in die schriftauslegende Literatur, in die Nähe der später sich entwickelten Gattung des halachischen Midrasch, zu stellen. [...] Von seiner Gattung her ist das Rutbuch exegetische, schriftauslegende Literatur mit sowohl didaktischen als auch homiletischen Absichten: Im Stil und in der vorgestellten Lebenswelt archaisierend, will es – mit der Tradition argumentierend und aus dem Sitz im Leben der Mischehendiskussion heraus – erzählerisch zur rechten Auslegung der Gottesweisung in seiner Zeit anleiten. Dabei achtet es für Frauen sehr genau darauf, daß sie nicht nur zu ihrem Recht kommen, sondern daß sie auch ihre Lebenskonzepte gegen die vorherrschende patriarchale Ordnung verwirklichen können, ohne jedoch die soziale Einbindung zu verlieren.«[26]

Die Tora gilt dem Judentum als Fundament, die Übergabe der Tora am Sinai verbindet den Gott Israels und das Volk Israel auf einzigartige Weise. So basal ist die spirituelle Nahrung Tora, daß am Wochenfest viele Milchspeisen gegessen werden, die Grundnahrung der Säuglinge.

Vom Erntefest wird das Wochenfest also zum Fest der Übergabe der Tora. Damit wird eine Verbindung hergestellt zum Rutbuch, das als Megillah, als Festrolle an diesem Wochenfest gelesen wird. Die Verbindungslinie zwischen der Gabe der Tora und dem Buch Rut läuft sowohl über die Protagonistin als eine Frau, die die Tora angenommen hat, als auch über das Buch selbst, das als Auslegung der Weisung gelesen werden kann.

4. Neujahr und Versöhnungstag

Wenn der Morgen des Jom Kippur graut, sind nicht allein
deshalb schon alle Verfehlungen verziehen.
Gewiß ist der Versöhnungstag ein konkreter Kalendertag;
und die Vergebung –
d.h. die Befreiung der schuldbeladenen Seele –
erfordert ein solches konkretes Kalenderdatum,
denn ein bestimmtes Kalenderdatum ist
für das Werk der Buße erfordert:
damit dieses Werk jeden Tag geschehen kann, ist
ein speziell für die Reue vorgesehener Tag notwendig.
Emmanuel Levinas[27]

Der Versöhnungstag, *Jom Kippur*, gilt im Judentum als der höchste der alljährlichen Feiertage. Er findet am 10. Tag des siebten Monats, des Herbstmonats Tischri, statt (der in manchen jüdischen Kalendern wegen des Neujahrsfest am 1. Tischri als erster Monat gilt). Er ist der Höhepunkt der zehn Bußtage, die mit dem Neujahrstag eingeleitet werden.

Auch der *Neujahrstag* ist in der Bibel repräsentiert, wird allerdings dort nicht so genannt. Die Bezeichnung *Rosch Haschanah* findet sich nur in Ez

40,1, dort allerdings im Sinn einer Datumsangabe, nicht als Festterminus. Die biblischen Schriften kennen einen Tag des Lärmblasens (Lev 23,24; Num 29,1). Dieser findet am 1. des siebten Monats statt und ist gekennzeichnet durch Lärmen, das an anderer Stelle mit dem Schofar verbunden wird, um den Versöhnungstag anzuzeigen (Lev 25,9). Dieser Lärm ist auch aus dem Kontext kriegerischer Handlungen bekannt (z.B. Jos 6,5.20). Biblisch gilt der Tag des Lärmblasens als hoher Feiertag, an dem keine Arbeit verrichtet werden darf. An diesem Tag soll eine heilige Versammlung stattfinden. Entsprechend der Ausrichtung der beiden Festkalender spricht Lev 23,24 nur von der Darbringung eines Opfers, Num 29 geht ausführlich auf die Opferhandlungen ein, die am ersten Tag des siebten Monats dargebracht werden sollen.

Ausführlicher bezeugt ist der *Versöhnungstag.* Zunächst zum deutschen Begriff »Sühne«. Vom althochdeutschen Suona abgeleitet meint Sühne ein Geschehen, das das Gleichgewicht wiederherstellt zwischen Parteien, deren Beziehung durch Schuld ins Ungleichgewicht geraten ist. Die Grunderfahrung, die dabei vorausgesetzt wird, ist das Verstrickt-Sein in Schuld, das auch biblisch immer wieder thematisiert wird und als eine der Grundkonstanten menschlichen Daseins gelten kann. Der biblische Begriff von Schuld und Sünde geht allerdings davon aus, daß im Fall schuldhaften Verhaltens immer sowohl die zwischenmenschliche Ebene als auch die Beziehung zwischen Mensch und Gott in Mitleidenschaft gezogen ist. Wo Menschen aneinander schuldig werden, ist ihre Beziehung zu Gott auch immer mitbetroffen. Deshalb müssen, wenn ein Gleichgewicht hergestellt werden soll, auch immer beide Dimensionen mitberücksichtigt werden. Sowohl zwischen den Menschen als auch zwischen Mensch und Gott muß eine Aussöhnung stattfinden. Diese doppelte Bewegung macht etwa der Text Lev 5,20–26 sichtbar. Wenn ein Mensch einem anderen durch Betrug oder Übervorteilung materiellen Schaden zufügt, dann wird dieser Akt als gegen JHWH gerichtet beschrieben (V. 21). Das Unrecht muß zunächst dadurch wieder gut gemacht werden, daß der materielle Schaden ausgeglichen wird, der Wert muß sogar um ein Fünftel erhöht erstattet werden. Damit ist aber das Gleichgewicht erst auf der zwischenmenschlichen Ebene wieder hergestellt. Die religiöse Dimension wird erst durch ein Opfer angesprochen, das ebenfalls in den Kontext der Wiedergutmachung gehört. Der Ausgleich findet also auf beiden Ebenen statt.

Das biblische Hebräisch kennt eine Entsprechung für Sühne »durch Bildungen der Wurzel *kpr*, nicht aber für das Nomen Versöhnung. Die Ableitung des hebräischen Verbs *kpr* (101mal im Alten Testament) bleibt offen: Seine Bedeutung kann entweder mit dem akkadischen *kuppuru* ›ab-, auswischen‹ oder aber mit der nordwest- und südsemitischen Wurzel *kpr* ›bedecken‹ zusammenhängen. Im einen Fall handelt es sich, übertragen um Schuld, um deren Auslöschen, im anderen Fall um ihr Zudecken. Von diesem Verb werden einige Nomina gebildet, wie z.B. *kofär* ›Lösegeld, Sühne‹ [...], *kapporät* für die Deckplatte (Sühne-) oberhalb der Bundeslade, und kippurim ›Sühnung‹, auch für den Versöhnungstag in Lev 16 verwendet [...]. Demgegenüber fehlt im Hebräischen ein eigentliches Wort für zwischenmenschliches Versöhnen, auch wenn es mehrfach begegnet«.[28]

Der Grunderfahrung der Schuldverstricktheit wird im alten Israel mit dem Wissen um den versöhnlichen Gott begegnet. In besonderer Weise kann der Vorgang der Versöhnung im Ritual des Jom Kippur erfahren werden. Wie schon das Auszugspessach (Ex 12) einen anderen Anlaß hat als die jährliche Pessach-Feier, muß auch zwischen dem Ur-Jom-Kippur und den folgenden unterschieden werden. Der erste Versöhnungstag hat einen konkreten Anlaß, der in Lev 10,1–3 erzählt wird. Die Söhne Aarons, Nadab und Abihu, bringen ein Opfer dar, das von Gott nicht befohlen worden ist. Entsprechend zum Feuer, das die beiden zum Opfer unerlaubterweise anzünden, geht von JHWH ein Feuer aus, das die Söhne Aarons verbrennt. Mit diesem Ereignis nun bringt Lev 16,1 die Anweisungen für den Versöhnungstag in Verbindung. Wahrscheinlich geht es dabei um eine Verunreinigung des Heiligtums durch den Tod der beiden Aaronsöhne, die durch die mit dem Heiligtum verknüpften Riten des Jom Kippur beseitigt werden soll.

Anders als bei Pessach, wo alljährlich die Ereignisse des Ur-Pessach, der Auszug aus Ägypten, in Erinnerung gerufen werden, bildet der Tod der beiden Aaronsöhne zwar den Kontext für den ersten erzählten Versöhnungstag, im Folgenden hat aber der Versöhnungstag nichts mehr mit diesem Anlaß zu tun. So ist im Kultkalender Lev 23,26–32 von einem konkreten Anlaß für den Versöhnungstag keine Rede mehr. Diese Gegenüberstellung zeigt noch etwas Grundsätzliches. Der Jom Kippur ist, anders als die auf Exodus und Wüstenwanderung, anders auch als auf das bäuerliche Jahr bezogene Feste, weder an ein einmaliges historisches Ereignis gebunden noch an die wiederkehrenden Rhythmen der Natur. Der Versöhnungstag gibt einer menschlichen Grunderfahrung ihren Ort, hier wird etwas zelebriert, was weder an einem historischen Ereignis hängt, noch sich im natürlichen Lauf der Dinge verorten läßt. Die Versöhnung zwischen Mensch und Gott, derer der Mensch grundsätzlich und zu jeder Zeit bedarf, bekommt am Jom Kippur ihren ausgezeichneten Raum.

Lev 16 gibt ausführlichen Einblick in das Ritual des Versöhnungstages. Diese Festanweisung steht im Buch Levitikus an zentraler Stelle; das Buch Levitikus wiederum bildet die Mitte des Pentateuch. Lev 16, das Ritual des Versöhnungstages, bildet also strukturell die Mitte der Tora. Die Wiederherstellung des Gleichgewichts zwischen Gott und Mensch, die einmal jährlich ausdrücklich rituell begangen wird, steht im Zentrum der Weisung JHWHs an Israel.

Lev 16 selbst hat einen klaren Aufbau, der folgendermaßen schematisch dargestellt werden kann[29]:

1a–2a: Narrative Einordnung der Rede
2b–e: Redeeinleitung
Ritual 3–28
A Rites de séparation 3–5
B Losritus 6–10
X Opfer zur Trennung[30] 11–19
B' Ritus am lebenden Bock 20–22
A' Rites d'agrégation 23–28
Paränese 29–34a
Das Verhalten der Israeliten am Jom Kippur 29–31
Die Aufgabe des gesalbten Priesters 32–34a
34b.c: Ausführungsnotiz

Der Text enthüllt ein komplexes Geflecht von Riten, die alle zusammen der Entsühnung dienen. Sie bauen aufeinander auf und ordnen sich gleichzeitig gleichmäßig konzentrisch um eine Mitte an. Das Opfer zur Trennung (X) mit dem Stier für Aaron und einem der beiden Ziegenböcke für das Volk steht im Zentrum des Texts und bildet die Mitte des Rituals. Zwei weitere Riten an Tieren rahmen dieses Zentrum. Ein Losritus (B) dient zur Bestimmung des Bocks, der in die Wüste geschickt wird, und bereitet so die beiden folgenden Schritte, das Opfer zur Trennung und den Ritus am lebenden Bock vor. Der Ritus am lebenden Bock (B') folgt auf das Opfer zur Trennung. Um diese Riten an den Tieren herumgelegt sind zwei Riten (A und A'), die mit der Vor- und der Nachbereitung des Kultpersonals zu tun haben. Der Eintritt in die heilige Sphäre und deren Verlassen werden durch Übergangsriten begleitet. Zunächst muß sich der Hohepriester im Rahmen von *rites de séparation* aus dem gewöhnlichen Raum herauslösen und sich für den Eintritt in das Allerheiligste vorbereiten. Die einzelnen Kleidungsstücke gehören zwar zur Ausstattung des Hohenpriesters, sind aber sonst aus anderen Materialien hergestellt; am Versöhnungstag jedoch trägt der Hohepriester nur reines Leinen. Auch die Rückkehr in den gewöhnlichen Raum ist von einem Bad und vom Anlegen der normalen Kleidung begleitet, außerdem von einem Opfer. Im Rahmen der *rites d'agrégation* nimmt nicht nur Aaron, sondern auch der Mann, der den Bock in die Wüste geführt hat, eine Rolle ein. Auch dieser darf erst nach einem Reinigungsritual wieder in den gewöhnlichen Raum zurückkehren.

Neben den Ritualen zeichnen vor allem die Arbeitsruhe und das Fasten den Jom Kippur aus. An diese beiden Maßnahmen der Enthaltung muß sich das ganze Volk halten. Sowohl die IsraelitInnen als auch die Fremden, die in Israel leben, sind mit einbezogen. Enthaltung von Arbeit und Fasten heben den Tag auch für jene aus dem Alltag heraus, die nicht unmittelbar mit dem Ritual am Heiligtum zu tun haben. Das Arbeitsverbot hebt den Versöhnungstag aus den anderen jährlichen Festtagen heraus; denn nur für den Versöhnungstag gilt das selbe strenge Arbeitsverbot wie für den Schabbat. Zentral für den Jom Kippur sind aber die Handlungen, die im Heiligtum und im Umfeld desselben vollzogen werden. Dabei baut der Text eine Raumstruktur auf, die sich durch Extreme auszeichnet. Einerseits steht das Heiligtum für die Mitte Israels und im Heiligtum das Allerheiligste noch einmal für dessen Mitte. Der Raum, der gerade am Versöhnungstag und auch nur vom Hohepriester betreten werden darf, stellt quasi das Innerste Israels dar. Der Raum, in dem Gottes Anwesenheit durch die Leerstelle über der Lade repräsentiert ist, bildet zwar einen Raum, der vom durch Israel bewohnten Raum abgesondert ist, sich aber in Israels Mitte befindet. Die Wüste hingegen markiert das exakte Gegenstück dazu. Die Wüste ist unbewohnter und gefährlicher Raum. Sie gilt dem alten Israel als »unfruchtbares Land ohne Einwohner« (Jer 17,6), als Ort ohne Menschen (Ijob 38,26). In Lev 16,22 wird die Wüste als »abgeschnittenes Land« bezeichnet. Die Wüste ist das Gebiet, das vom Leben Israels getrennt ist. Was dort hingeschickt wird, wird aus der Mitte Israels verbannt. »Das Ritual wird zwischen den beiden extremsten Polen der Lev 16 zugrundeliegenden Topographie inszeniert und steht auf diese Weise unter einer enormen Spannung.«[31]

Das Opfer zur Trennung wird von Aaron vollzogen; geopfert werden zunächst ein Stier und ein Widder für Aaron und sein Haus. Für das Opfer zur Trennung wird ein Bock gewählt. Das ist ungewöhnlich, denn für das Opfer zur Trennung für ganz Israel ist eigentlich ein Rind vorgesehen (Lev 4,14). Die Verwendung des Ziegenbocks erklärt sich aus dem Zusammenhang mit dem Ritus am lebenden Bock, wobei die Zusammengehörigkeit der beiden Riten an den Ziegenböcken unterstrichen wird. Durch das Los wird entschieden, welcher von den beiden Böcken geopfert und welcher in die Wüste geschickt wird. Das Blut der Tiere wird für die Riten an der *kapporæt* verwendet. Die Lebenskraft von Mensch und Tier sitzt im Blut (Lev 17,11), diese Kraft wird in den Riten entfaltet. Im Vergleich mit mesopotamischen Reinigungsriten tritt neben vielen Parallelen ein zentraler Unterschied hervor: die Wahl von Blut zur Reinigung ist ungewöhnlich. Wahrscheinlich läßt sich das so erklären, daß das Blut Lebenskraft wieder zurückgibt, die durch die Sünde verlorengegangen war. Die Sünde ist darin einer alle Lebensbereiche durchdringenden Krankheit vergleichbar, daß sie schwächend wirkt. Der in der Sünde liegende Mangel an Leben wird durch die Lebenskraft des Bluts, die in den Riten entfaltet wird, ausgeglichen.[32]

Im Kontext von Ausgleich und Wiedergutmachung ist auch das Opfer zu verstehen. Die Opfer im Alten Testament können als Gegenbewegung zu den Bedrohungen des Alltags verstanden werden. Während vielfache alltägliche Handlungen das Gleichgewicht zwischen Mensch und Mensch und zwischen Mensch und Gott in Richtung Sünde, Unreinheit und Krankheit verschieben, soll das Opfer eine Bewegung in Richtung Heiligkeit und Reinheit bewirken.[33]

Nicht im engeren Sinn als Opfer zu verstehen ist der Ritus am lebenden Bock. Das Handaufstemmen, von dem in V. 21 die Rede ist, symbolisiert wahrscheinlich nicht die Übertragung von Sündenmaterie auf das Tier. Bes-

ser verständlich ist der Ritus als Bild für Stellvertretung. Der Zweck des Sündenbockritus, »dessen Heimat Südostanatolien-Nordsyrien war und der vor allem in Syrien-Palästina und im antiken Mittelmeerraum (Griechenland, Etrurien) verbreitet war [...], war die räumliche Entfernung (Elimination) der stofflich verstandenen Unreinheit durch einen ›rituellen Unheilsträger‹ (Tier oder Mensch), der das ihm – durch kontagiöse Magie – übertragene Miasma aus dem Bereich der menschlichen Lebenswelt in den gegenmenschlichen Bereich der (sterilen) Wüste/des (feindlichen) Auslands transportierte. [...] Nach Lev 16,21f wird die Schuld durch Gestus (Handauflegen) und Wort (Bekenntnis) auf den Bock ›gegeben‹, dann wird das Tier ›in die Wüste‹ geschickt. Die für den eliminatorischen Sündenbockritus charakteristischen Elemente sind demnach das Aufstemmen der beiden Hände auf den Kopf des Tieres, die Übertragung der Verschuldungen Israels auf den rituellen Unheilsträger und das Wegschicken des Sündenbocks in die Wüste.«[34] Die räumliche Entfernung des Unheils ist hier zentral. Der Bock trägt stellvertretend für Israel dessen Sünden aus dem bewohnten Raum hinaus in die Wüste. Das, was aus Israel herausgelöst wird, darf auf keinen Fall wieder in den Lebensbereich zurückgelangen. Deshalb muß der mit den Verschuldungen Israels beladene Bock an den extremsten Punkt der Topographie gehen, in die Wüste. Wahrscheinlich nahm man an, daß der Bock dort verendete, was eine weitere Garantie dafür darstellt, daß die Unreinheit wirklich aus dem Bereich Israels verbannt bleibt.
Zwar ist die Wüste der Ort ohne Menschen, Lev 16 verortet in diesem unbewohnten Gebiet aber die Gestalt des Asasel. Die Bedeutung dieser Gestalt, die biblisch nur hier bezeugt ist, ist umstritten. Im jetzigen Textzusammenhang kann man von einem Wüstendämon ausgehen, die religionsgeschichtliche Wurzel aber ist unklar. Entweder handelt es sich um eine Entwicklung von einer niedrigen kanaanäischen Gottheit zum Dämon. Oder aber man stellt eine Verbindung mit hethitisch-hurritischen Ritualtexten her, woraus sich eine funktionale Interpretation des Ursprungs ergibt: »für die Beseitigung von Gotteszorn«[35]. Im jetzigen Kontext ist Asasel jedenfalls als Dämon zu verstehen, zu dem Israels Verfehlungen in die Wüste hinausgeschickt werden. Die beiden extremen topographischen Punkte erweisen sich als bewohnt. Zwar sind sie keine Lebensräume Israels: das Allerheiligste wird nur einmal im Jahr vom Hohenpriester betreten, und die Wüste ist nun gerade der Ort ohne Menschen. Dennoch sind diese beiden Punkte keine Leerstellen. Dem Allerheiligsten mit JHWH steht die Wüste mit Asasel gegenüber. Dennoch darf man Asasel nicht zum Gegengott stilisieren. Asasel bildet zwar einen Gegenpol zu JHWH, aber einen, dessen Bezugsgröße völlig im Dunkeln bleibt. Offensichtlich gehörte es zur Vorstellung eines wirksamen Eliminationsritus, daß der Sündenbock nicht ins Leere lief, sondern in der Wüste an eine Wirkmacht geriet.
Einmal im Jahr wird Israel also die Möglichkeit gegeben, neu anzufangen, ohne Sünden in die nächste Zeit zu gehen. Die Reinheit des zentralen Heiligtums spielt dabei eine wichtige Rolle. Die Befreiung des Heiligtums von

Unreinheit und Sünde kann als Hauptinhalt von Jom Kippur gelten. »Dieser Ort muß gereinigt werden, damit für die sacrifiants die Möglichkeit zur Begegnung mit JHWH aufrecht erhalten oder wieder hergestellt werden kann.«[36] Damit gewinnt der Jom Kippur gegenüber dem gewöhnlichen Kult eine besondere Bedeutung. Denn hier geht es um die Aufrechterhaltung bzw. Wiederherstellung der Funktionsfähigkeit des Kults selbst. Während der normale Kult einfach zwischen heilig und profan zu vermitteln hat, greift der Versöhnungstag grundsätzlicher. Wenn das Heiligtum nicht von allen Unreinheiten befreit wird, ist der Kult gar nicht mehr gültig. Die Funktion des Heiligtums ist aber nur zu verstehen im Rahmen der Beziehung zwischen JHWH und Israel. Das Ideal der Heiligkeit kann Israel immer nur bruchstückhaft verwirklichen. Daraus ergibt sich die Notwendigkeit der Wiederherstellung – Sühne – der ursprünglichen Beziehung zwischen Mensch und Gott. In dieser Beziehung spielt das Heiligtum eine Rolle, da von ihm ein Prozeß der Heiligkeit ausgeht. Die Heiligkeit ist permanent durch das Chaos bedroht. Rituale dienen dazu, dieses Chaos nicht übermächtig werden zu lassen, indem sie den Ursprungszustand wiederherstellen. Das Ritual des Jom Kippur steht damit im Kontext der rituellen Welt des Buchs Levitikus und läßt sich mit der biblischen Schöpfungstheologie, die ebenfalls von der Polarität von Chaos und Kosmos geprägt ist, verbinden.

»Wie durch das Erzählen und Rezitieren des Schöpfungsmythos der gute Anfang immer wieder neu beschworen wird, so soll durch das rituelle Handeln, wie es im Buch Levitikus beschrieben wird, in der gegebenen Wirklichkeit eine der ursprünglichen Schöpfungsordnung entsprechende Welt geschaffen werden. Im Mittelpunkt dieser Welt befindet sich das Heiligtum, das in konzentrischen Kreisen von unterschiedlich qualifizierten Räumen umgeben ist.«[37]

Diese Raumvorstellung findet im Ritual des Versöhnungstags ihren Niederschlag. Das Ritual belebt die ansonsten nicht zu betretenden extremsten Pole der Topographie abgestufter Heiligkeit. Beide Räume sind für die Menschen gefährlich, müssen aber, wenn es um so etwas Extremes wie die Versöhnung, die Wiederherstellung eines Ursprungszustandes, geht, betreten werden. Stellvertretend für Israel agieren der Hohepriester einer- und der Bock andererseits. Diese beiden Wesen begeben sich in den gefährdenden Raum, wobei der Bock in der Wüste umkommt. Dieser Gefahr wehrt der Hohepriester durch rituelle Handlungen.

Der Versöhnungstag ist mit dem Raum befaßt. Auch wenn er sich innerhalb der Zeitstruktur des Kalenders befindet, in dem er sich einmal jährlich positioniert, ist sein Hauptanliegen doch die Vermittlung zwischen dem unreinen und dem reinen Raum. Zwischen dem extrem Unreinen und dem gänzlich Reinen ist der Alltag Israels ausgespannt. Im Versöhnungstag werden beide Pole berührt, wodurch das Heiligtum als Mitte Israels wieder rein wird.

Das Leben ohne Tempel stellt das nachbiblische Judentum vor die Aufgabe, den auf das Heiligtum konzentrierten Versöhnungstag ohne Tempel zu begehen. Zentral für die Praxis des Versöhnungstags ist das vollständige Fasten; Jom Kippur ist der einzige in der Tora gebotene Fastentag des jüdischen Kalenders. Er folgt auf zehn Tage der Umkehr, beginnend mit dem Neujahrsfest. Das totale Fasten bezieht sich auf (1) Essen und Trinken, (2) Waschen, (3) Kosmetik und Parfum, (4) Lederschuhe, (5) Geschlechtsverkehr. Durch die Enthaltung in diesen Bereichen soll eine Konzentration auf das Wesentliche erreicht werden. Auch dem nachbiblischen Judentum geht es am Jom Kippur um Buße und Versöhnung. In diesem Kontext ist auch *Kol Nidre* zu verstehen, das Gebet um die Aufhebung aller Gelübde und Schwüre, die den oder die Einzelne/n binden könnten. Der Versöhnungstag bringt die Wiederherstellung eines reinen, ursprünglichen Zustands. Das ist aber kein Automatismus. Der Mensch muß diesen Akt auch vollziehen. Und ebenso im nachbiblischen Judentum geht es um das Herstellen von Gleichgewicht zwischen Mensch und Mensch und zwischen Mensch und Gott. Der Jom Kippur schafft Raum für die Buße und für die Vergebung. Denn, so sagt der Talmud:

> *... des Menschen Fehl gegen Gott verzeiht der Versöhnungstag; des Menschen Fehl gegen den anderen Menschen verzeiht der Versöhnungstag nicht eher als er den Anderen besänftigt hat.*[38]

5. Das Hüttenfest

... damit eure kommenden Generationen wissen,
daß ich die Israeliten in Hütten wohnen ließ,
als ich sie aus Ägypten herausführte.
Ich bin der Herr, euer Gott.
Lev 23,43

Zum Abschluß der Obst-, Oliven- und Weinernte wird das Hüttenfest (Sukkot) gefeiert; damit begeht man das Ende des bäuerlichen Jahres. Die gängige Bezeichnung ›Laubhüttenfest‹ gibt das hebräische Sukkot, das einfach »Hütten« meint, nur teilweise zutreffend wieder; hier werden »in Ländern atlantischer Laubwälder falsche Assoziationen«[39] geweckt. Eine weitere Bezeichnung für dieses Herbstfest ist »Sammelfest« (Ex 23,16). An der Wurzel des Hüttenfestes stand wahrscheinlich ein Herbstfest, an dem die Familien zu lokalen Heiligtümern pilgerten, um dort Opfer darzubringen, wie die Geschichte von Hanna, der Mutter Samuels, zu Beginn der Samuelbücher erzählt.[40] Der Name »Hüttenfest« bezieht sich wahrscheinlich auf den Brauch, während der Lese in Weinbergen und Olivenhainen zu übernachten, wozu eben Hütten notwendig waren. Solche Hütten wurden während der Erntezeit als Schattenspender verwendet, die sowohl den ArbeiterInnen als auch den WächterInnen Schutz boten (z.B. 2 Sam 11,11; 1 Kön 20,12.16). Das Fest beginnt am 15. Tag des siebten Monats (Lev 23,34.39; Num 29,12; Ez 45,25); die Festdauer beträgt acht Tage, wobei der erste und der achte Tag ein Feiertag sind. An diesen Tagen wird keine schwere Arbeit verrichtet; sie gelten als Versammlungstage. Das Hüttenfest ist ein Fest für JHWH, es ist aber auch »dein Fest«, also ein Fest für die Menschen und ihre Freude. Auf die harte Arbeit in der Landwirtschaft folgt das Vergnügen. Für das Deuteronomium ist diese Freude der Sinn des Festes.

Am Hüttenfest sollen Opfer dargebracht werden, die in Num 28 für jeden Tag des Festes genau spezifiziert werden. Nach Lev 23,40 werden Früchte und Zweige in das Fest einbezogen. In Lev 23,40 ist der Zweck der Zweige nicht angegeben; bei der Schilderung des Laubhüttenfestes der nachexilischen Gemeinde in Jerusalem werden die Zweige dazu verwendet, um daraus die Hütten zu bauen; in 2 Makk 10,7 werden sie (ebenso wie bei Josephus in Ant. III,10) in den Händen getragen. »Der *grüne Zweig* war schon in der kanaanäischen Religion ein wichtiges Symbol der Göttin und ihrer Verehrerinnen [...]. Aber auch Baal hält oft ein Zweigzepter in der Hand und wird von seinen Anhängern mit Zweigen verehrt [...]. Der Zweig ist Symbol der Regenerationskraft, die der Erde und der Frau innewohnt. Im Hüttenfest lebte somit ein zentrales Element des kanaanäischen Göttinnenkultes fort. Vielleicht wird gerade deshalb das Hüttenfest als Fest Jahwes herausgestrichen, weil im Volk die Erinnerung daran, daß es eigentlich das Fest Ascheras war, noch nicht ausgelöscht war.«[41] Auch hier steht also ein vom Lauf des bäuerlichen Jahres abhängiger Brauch an der Wiege eines Festes, das diesen Charakter zwar nicht verloren hat, seine zentralen Elemente aber historisierend auf das Ereignis von Exodus und Wüstenwanderung bezieht. Der Schritt der Historisierung verbindet das Laubhüttenfest damit, daß die IsraelitInnen während der Wüstenwanderung in Hütten gewohnt haben.

Einen Bezug zur Tora als schriftlichem Korpus erhält das Hüttenfest in persischer Zeit. In Neh 8,18 liest Esra zum Fest aus dem Gesetzbuch Gottes vor, also aus der Tora, die gerade zu dieser Zeit gesammelt, kanonisiert und als persisches Reichsgesetz ausgerufen war. Genauer: das Fest selbst wird schon durch das Lesen der Tora initiiert. Denn Esra liest vor, und als die Lesung an die Stelle kommt, an der vom Hüttenfest die Rede ist, führen die Menschen die Anweisungen aus, wobei weiter jeden Tag aus der Tora vorgelesen wird.

Schon das Dtn verbindet das Laubhüttenfest und die Lesung aus der Tora. In Dtn 31,10–13 gibt Mose dem Volk die Anweisung, in jedem siebten Jahr, dem Brachjahr, am Laubhüttenfest aus der Weisung vorzulesen. Auch hier dient die Lesung – wie schon im Kontext des Pessachfestes die Erzählung – vor allem der Unterweisung der nachkommenden Generationen. Besonders die Kinder sind gehalten zuzuhören.

Schon früh hat dieses Fest in der jüdischen Tradition besondere Bedeutung bekommen. Immer wieder wird gerade das Hüttenfest erwähnt, wenn es um feierliche Zusammenkünfte geht, z.B. in 2 Makk 1,9.18; es scheint sogar zum Paradigma des fröhlichen Festes geworden zu sein, wenn die Ein-

führung des Channukka-Festes »nach der Art des Hüttenfests« (2 Makk 10,6) beschrieben wird. Außerdem werden die zentralen Symbole des Hüttenfestes Lulav (ein Sproß, der meist von einer Palme stammt) und Etrog (eine Zitrusfrucht) auf antiken Synagogenfußböden dargestellt und stehen dort für den Festkalender.
Direkt im Anschluß an das Hüttenfest findet das nachbiblische Fest der Torafreude (*Simchat Tora*) am 23. Tischri statt. Der an diesem Tag übliche Tanz mit den Tora-Rollen zeigt die Freude und die Leidenschaft, mit der das Lernen der Tora verbunden wird.

6. Nachbiblische jüdische Feste und ihre biblischen Bezüge

Wir brauchen Purim so sehr wie Jom Kippur, den Versöhnungstag.
Elie Wiesel[42]

Erst in nachbiblischer Zeit als Fest entstanden, aber mit biblischen Grundlagen, sind das Channukka- und das Purimfest. Beide beziehen sich auf Ereignisse, die in im Hellenismus entstandenen Büchern des Ersten Testaments erzählt werden; in beiden Fällen geht es um den – sehr unterschiedlich geführten – Kampf gegen persische bzw. griechische Vorherrschaft.
Das *Chanukka-Fest* dauert acht Tage und wurzelt in der Erzählung der Befreiung Israels von der hellenistischen Oberhoheit durch die Makkabäer. Die Makkabäer-Bücher sind griechisch abgefaßt, weshalb sie keine Aufnahme in den Kanon der evangelischen Kirchen gefunden haben. Während sie dort als apokryphe Schriften gelten, sind sie im katholischen Kanon unter den Geschichtsbüchern zu finden. Auch in den jüdischen Kanon sind diese Bücher nicht aufgenommen, da nur Schriften, die bis Esra abgefaßt sind (so die traditionelle, nicht die literarhistorische Begründung), als kanonisch gelten. Die Makkabäerbücher erzählen von Auseinandersetzungen in der hellenistischen Periode der Geschichte Israels. Das zweite Jahrhundert v.Chr. wurde durch eine tiefgehende Krise erschüttert, in der allerdings die Hasmonäer noch ein letztes Mal eine Phase jüdischer Eigenstaatlichkeit erreichten. Die politischen und wirtschaftlichen Umwälzungen der hellenistischen Periode gingen mit religiösen Kämpfen einher, die schließlich den Ausschlag gaben für den makkabäischen Freiheitskampf. Dies bildet die Basis für das Chanukka-Fest. Die jüdische Bevölkerung selbst war in zwei Gruppen gespalten, eine hellenistische und eine konservative. Lange Machtkämpfe mündeten um 170 v.Chr. in einen Religionskrieg, in dessen Verlauf der Tempelschatz geplündert wurde und schließlich der JHWH-Tempel in die hellenistische religiöse Vorstellungswelt integriert werden sollte. Als Antwort auf die Benennung des Tempels nach Zeus Olympios (2 Makk 6,2) brach 168 v.u.Z. der Makkabäeraufstand los. 164 v.Chr. konnte der offizielle JHWH-Kult wieder hergestellt werden. Das Ereignis der Wiedereinweihung des Jerusalemer Tempels wird in 1 Makk 4 erzählt und in V. 59 direkt mit der Idee eines jährlichen Festes verbunden. 2 Makk 1,18 legt das Datum

des Festes der Tempelreinigung auf den 25. Kislew fest. Der Kontext, ein Brief der Jerusalemer jüdischen Gemeinde an die Juden und Jüdinnen in Ägypten, zeigt, daß hier bereits das in mehrere Länder zerstreute Judentum im Blick ist. 2 Makk 10,5 setzt Entweihung und Reinigung des Tempels auf dasselbe Datum, nämlich den 25. Kislew, und legt ein Fest »nach Art des Hüttenfests« auf die folgenden acht Tage. Eine öffentliche Abstimmung fixiert den Beschluß, diese Tage jährlich feierlich zu begehen. Der Talmud verbindet die Reinigung des Tempels mit dem sogenannten Ölwunder. Demnach fanden die Hasmonäer nur eine einzige Phiole mit Öl vor, deren Siegel nicht gebrochen war, das also nicht entweiht worden war und somit den Ansprüchen des Tempeldienstes genügte. Acht Tage lang dauerte die Zubereitung frischen Öls für den Gottesdienst. Und obwohl das Öl der vorgefundenen Phiole eigentlich nur einen Tag hätte ausreichen müssen, brannte das Öllämpchen acht Tage lang. Die Chanukkiah, der Chanukka-Leuchter, der während des Festes angezündet wird, hat deshalb acht Arme und einen neunten, kleineren, den »Diener« (*Schamasch*). »Aus den verschiedenen Schulen haben sich zwei Traditionen des Anzündens entwickelt: Nach Schamai werden am ersten Tag von *Chanukka* alle acht ›Kerzen‹ mit dem ›Diener‹ entzündet und an den folgenden Tagen jeweils eine Leuchte weniger, da die brennenden Kerzen die Tage verdeutlichen, die noch kommen werden. Die Schule Hillels dagegen lehrt uns, jeden Tag mit dem ›Diener‹ ein Licht mehr anzuzünden, weil die Flammen die Tage zeigen, die schon vorbei sind. Hillels Form hat sich im *Talmud* durchgesetzt, weil es bei Festen immer sinnvoll ist, eine Steigerung statt einer Abnahme, in diesem Fall des Lichtes, festzustellen.«[43] Die Tradition verbindet außerdem die Geschichte der Judit, einer Witwe, die den feindlichen Feldherrn enthauptet, mit dem Chanukka-Fest. Diese Geschichte wird – historisch nicht zu verorten – mit Nebukadnezar und Holofernes in einer Schrift erzählt, die ebenfalls in der jüdischen Tradition – ebenso wie in der evangelischen – apokryph ist, in der katholischen Tradition kanonisch. Auch die in 2 Makk 7 erzählte Geschichte des Martyriums einer Frau und ihrer sieben Söhne wird im Talmud (Gittin 57b) mit dem Chanukka-Fest in Verbindung gebracht.

Das *Purimfest* geht auf die Legende der Ester zurück, die im gleichnamigen biblischen Buch niedergeschrieben ist. Es feiert die Rettung der jüdischen Bevölkerung des Perserreichs unter dem König Artaxerxes vor einem geplanten Pogrom. Die jüdische Königin des Perserreichs, Ester, spielt dabei die Rolle der schönen und klugen Retterin ihres Volkes. Bereits die Esterrolle selbst, die an Purim auch als Festrolle gelesen wird, legt den Tag der Rettung der jüdischen Bevölkerung als Feiertag fest (3,7; 9,20–32). »Aus der dichten Konsistenz der Erzählung fällt allerdings die Purim-Ebene heraus. Sie paßt zwar hervorragend *als Ergebnis* in die Handlungsstruktur, aber sie ist im Erzählgefüge selbst zu wenig vorbereitet. Deshalb dürften die Purim-Passagen 3,7; 9,20–32 auf eine Bearbeitung zurückgehen, die die Rettungserzählung zur *Festlegende* (hieros logos) des *Purim-Festes* macht.«[44] Die Rettung geschieht – ebenso wie das angedrohte Pogrom – durch einen königlichen Erlaß, der die geplanten Aktionen auf den 13. Adar terminiert; als Festtag gilt dann der 14. Adar, an dem gegessen und getrunken werden soll. Für die jüdische Bevölkerung der Regierungsstadt Susa, in der die Geschichte hauptsächlich spielt, verschob sich der Feiertag auf den 15. Adar, da die Maßnahmen gegen das Pogrom, die Vernichtung der Feinde der Juden, sich vom 13. auf den 14. Adar ausdehnte. Im jüdischen Kalender gilt deshalb der 13. Adar als Tag des Purimfastens, der 14. Adar als Purim und der 15. Adar als Purimfest von Susa. Bereits in der biblischen Festanweisung wird das Essen und Trinken mehrfach erwähnt. Auf dieser Basis ist Purim im Judentum ein karnevaleskes Freudenfest, an dem es eine Mizwa ist, ein Gebot, sich zu betrinken, »bis man nicht unterscheiden kann« zwischen Mordechai (dem Retter der Juden) und Haman (dem Judenverfolger). Die Stellung Esters im jüdischen Kanon war keine Selbstverständlichkeit, in Qumran wurde bisher kein Beleg für ein Esterbuch gefunden. Daher ist davon auszugehen, daß auch das Purimfest nicht im selben Maß in der jüdischen Praxis der Zeitenwende verankert war wie die traditionellen Feste. Im jüdischen Esterbuch kommt der Gottesname nicht vor, mehr noch: Gott wird überhaupt nicht ausdrücklich erwähnt, weder auf der Ebene der Erzählung noch im Mund einer der handelnden Personen. Die griechische Septuaginta fügt an mehreren Stellen religiöse Textpassagen ein; für die Rabbinen war das Fehlen des Gottesnamens ein Grund, die Zugehörigkeit der Esterrolle zum biblischen Kanon in Frage zu stellen. Der Talmud führt Ester bis in die Tora zurück. »Gibt es Beweise dafür, daß das Buch Ester in der Tora erwähnt wird? Ja, nämlich in dem Vers: ›*Weanochi haster astir panai* – Ich werde verbergen mein Angesicht.‹ Raschi kommentiert: Zur Zeit Esters gab es ein *hester-panim*, eine Gottesfinsternis, ein Verbergen Seines Angesichts. Das bedeutet, die Abwesenheit hat göttliche Motive, aber menschliche Konsequenzen. Aus diesem Grund *ist* das Buch Ester Teil des biblischen Kanons. Die Geschichte zu hören ist ein Gebot, dem alle Männer, Frauen und Kinder Folge leisten müssen.«[45] Das Esterbuch, wahrscheinlich entstanden im 3. Jahrhundert, ist mit vielen Texten der hebräischen Bibel verwoben, unter anderem mit der Josefserzählung. Für unseren Zusammenhang besonders wichtig ist aber der Bezug zu Pessach, den die Erzählung herstellt. Der Anschlag Hamans und die nachfolgenden Fasttage fallen auf Pessach. Der 14./15. Adar, also Purim, ist genau einen Monat vor Pessach, am 14./15. Nissan. Der Talmud vereinigt sogar die beiden Daten.[46] Das aber bedeutet: Die im Exodus begonnene Rettung aus Ägypten vollendet sich im Purimfest, wenn das jüdische Volk seine ›Ruhe‹ inmitten der Völkerwelt feiert. M.a.W.: Das in der Diaspora gefeierte Purimfest *ist* das Pessachfest der Diaspora. Für die Juden in der Diaspora geht es nicht um Rettung *aus* der Fremde, sondern um Rettung *in* der Fremde.«[47]

In einem weiteren Sinn bezieht sich auch der Gedenktag der Tempelzerstörung am 9. Aw (*Tischa BeAw*) auf biblische Grundlagen, das heißt auf Ereignisse, die in den biblischen Schriften erzählt werden. An *Tischa BeAb* erinnert sich das jüdische Volk der Zerstörung des ersten und des zweiten

Tempels; sowohl das Gedenken an die Eroberung Jerusalems mit der Zerstörung des salomonischen Tempels im Jahr 586 als auch die Zerstörung des kurz vorher unter Herodes umgestalteten zweiten Tempels durch die Römer wird an diesem Tag begangen. Die Tradition sagt, daß beide Angriffe am 9. Aw stattgefunden hätten. Auch der negative Bericht der Kundschafter, die Mose nach Kanaan geschickt hatte (Num 13–14), wird im Talmud (Taanit 28b) auf den 9. Aw datiert. Die Eroberung von Bethar im Bar Kochba-Aufstand (133 n.Chr., nach jüdischer Rechnung 120 n. Chr.), das Massaker der Kreuzritter 1099, die Ausweisung der Juden und Jüdinnen aus Spanien im Zuge der Inquisition 1492 und der Beginn des ersten Weltkriegs am 9. Aw[48] führen eine Linie fort, die das nachbiblische Judentum in den biblischen Schriften verortet. Dieser Tag gilt als Trauertag und als der Tag, an dem Katastrophen geschehen. Die Erinnerung an den zerstörten Tempel durchzieht das jüdische Leben auch an anderen Stellen. Etwa wird in der Wohnung beim Anstrich ein Quadrat über der Eingangstür freigelassen, beim Anlegen von Schmuck wird auf Unvollständigkeit geachtet, und bei der Hochzeitszeremonie wird ein Glas zerbrochen. Alle diese Riten symbolisieren das Unfertige und Zerbrechliche, halten in Erinnerung, daß das Fehlen des Tempels in Jerusalem eine offene Wunde ist. Besonders intensiv ist das Gedenken am 9. Aw, an dem wie auch an Jom Kippur Enthaltsamkeit gefordert ist, die sich auf folgende Bereiche bezieht: (1) Essen und Trinken; (2) Sich waschen; (3) Sich schminken und parfümieren; (4) Das Tragen von Lederschuhen; (5) Geschlechtsverkehr. Die Megillah, die Festrolle dieses Tages, ist das Buch der Klagelieder Jeremias. Diese wurden bereits nach der Zerstörung des ersten Tempels im Rahmen von auf dem Tempelareal stattfindenden Trauergottesdiensten verwendet. Auch die Begehung des 9. Aw zeigt, daß die jüdische Tradition historische Linien und das Element der Wiederholung miteinander verbindet. Die traditionelle Datierung miteinander zwar inhaltlich verwandter, aber historisch voneinander unabhängiger Ereignisse auf dasselbe Datum verbindet wiederum lineare Geschichtsvorstellung mit dem Erleben von zyklischer Wiederkehr. Die Trauer um den zerstörten Tempel und die Hoffnung auf einen Tempel, der wiederum das Zentrum jüdischer Existenz bildet, sind nicht gleichzusetzen mit den Versuchen, im Jerusalem der Gegenwart auf dem muslimischen Haram-Al-Scharif mit dem Felsendom und der al-Aqsa-Moschee den dritten Tempel wieder zu errichten. Wenn das traditionelle Judentum das Fehlen des Tempels seit nunmehr 2000 Jahren schmerzlich beklagt, dann ist es sich des Vorbehalts bewußt, daß die Errichtung eines neuen Tempels nicht allein von menschlichem Aktivismus abhängt. Es sind marginale Gruppen im gegenwärtigen Israel, die den 9. Aw dazu benutzen, einen »Grundstein des dritten Tempels« zu legen (im Jahr 2001 auf einem Parkplatz in der Nähe des Tempelbergs/Haram-Al-Scharif). Das gilt sowohl für die politische Seite als auch für die religiöse; die meisten jüdischen Gelehrten untersagen Juden und Jüdinnen das Betreten des Tempelareals aus Gründen der Reinheit, da man nicht wissen kann, in welchem Bereich des zerstörten Tempels man sich befindet.

D. Feiernde Menschen und feierliche Handlungen

1. Feste, Opfer, Mahl und Freude

Denn der Mensch ist das exzentrische Lebewesen, das ohne das Fest nicht auskommen kann. Entweder feiert der Mensch Feste, oder er sucht sich schlimme Ersatzformen des Festes – bis zum Krieg.
Odo Marquard[49]

Es gibt Handlungen, deren Vorkommen sich nicht auf ein einziges Fest beschränkt; es gibt Themen, die den Festkalender durchziehen. Eine dieser für das alte Israel wichtigen Handlungen ist das Opfer, zu dem hier nur ansatzweise etwas gesagt werden kann.

Sowohl das Christentum als auch das Judentum führen die Opferpraxis nicht fort, die im Ersten Testament belegt und auch in der Tora gefordert ist. Für das Judentum hängt diese Abwendung vom Tieropfer mit der Zerstörung des Jerusalemer Tempels zusammen, auf den die Opferpraxis durch die Joschijanische Kultzentralisation beschränkt worden war. Ohne Jerusalemer Tempel gibt es keine Opfer; gottesdienstliche Handlungen in anderen Räumen, in der Synagoge und im Haus konzentrieren sich auf das Wort. Im Judentum sind es Gebete, die das Opfer ablösen und auch ersetzen. »Der Kultverzicht wurde durch die Wortfrömmigkeit kompensiert.«[50] Das Morgengebet, die *sach^{a}rīt*, steht an der Stelle des morgendlichen täglichen Opfers *tāmīd*; am Abend ersetzt das *minchāh*-Gebet das abendliche *tāmīd*-Opfer. Das *mūsap*-Gebet steht für besondere Opfer.

Für das Judentum zur Zeit Jesu lassen sich drei liturgisch relevante Orte ausmachen: der Tempel, die Synagoge und das Haus. Von diesen dreien ist nur der Tempel mit der Opferpraxis verbunden. Die Synagoge ist ein Raum des Wortes, und das Haus steht für das Mahlhalten. Jesus und seine Bewegung wirkten an allen im damaligen Judentum relevanten Orten, die Jesusbewegung ist mit allen jüdischen Gottesdienstformen der Zeit vor der Tempelzerstörung in Verbindung zu bringen. Für die frühen Gemeinden steht die Herausbildung ihrer Identität an. Dabei bleibt der jüdische Gottesdienst immer noch der primäre Bezugsrahmen, gleichzeitig finden aber auch Abgrenzungsprozesse statt. Die ersten Jahrhunderte bilden im Christentum zwar einen Vorrang des Wortgottesdienstes heraus, die Interpretation des Abendmahls als Opfer aber konserviert die Kategorie des Opfers nicht nur für die theologische Sprache, sondern auch für die gottesdienstliche Praxis. »Die Christen, die als jüdische Bewegung aufgrund der Kultzentralisation als nicht opfernde Bewegung angefangen haben und den Priesterkult als ein für allemal erfüllt im Himmel verstanden, hatten ab der zweiten Hälfte des vierten Jahrhunderts wieder heilige Orte mit Opfern und einer regulären

Priesterschaft, welche durch alttestamentliche Kultkategorien gedeutet wurden.«[51] In der Christentumsgeschichte nach der Reformation läßt sich eine konfessionelle Differenzierung auch an diesem Punkt feststellen, das Opfer ist in den christlichen Konfessionen von unterschiedlicher Bedeutung. In den evangelischen Kirchen ist das Opfer eine zentrale Kategorie der Kreuzestheologie, wird jedoch nicht liturgisch vollzogen. Die katholischen Kirchen deuten das Mahlhalten im Horizont der Opfertheologie, so daß diese auch liturgisch realisiert wird. Auch wenn es also in keiner der vom ersttestamentlichen Glauben und seiner Praxis sich herleitenden Religionen die dort beschriebene Opferpraxis gibt, wirken ihre Kategorien doch bis in die Gegenwart weiter.

Diese Entwicklungen haben dazu geführt, daß die Opferpraxis vielen Menschen der Gegenwart als fremdes, wenn nicht barbarisches Ritual gilt, daß die alttestamentlichen Bestimmungen rund um die Opfer mit Ablehnung oder mit Schulterzucken zur Kenntnis genommen werden. Dabei wird übersehen, daß auch im Opfer etwas geschieht, was für die Theologie und Frömmigkeit beider aus dem Ersten Testament/dem Tanach erwachsenden Religionen prägend bleibt: Begegnung. Die Begegnung Gottes mit seinem Volk ist im Kontext des Opfers die zentrale Kategorie, das Opfer gilt als Ort der Begegnung. Schon am Sinai werden die Opferbestimmungen gegeben. Gemeinsam mit den Anweisungen zum Heiligtumsbau gehören sie zur Errichtung des ersten Kults. Im Anschluß an die täglichen Opfer verkündet Ex 29,45 das Einwohnen Gottes, seine *šᵉkīnāh*: »Ich werde mitten unter den IsraelitInnen wohnen, und ich werde ihnen Gott sein.« Die Zusage von Gottes Präsenz inmitten von Israel steht im Kontext der Kultanweisungen, so daß geschlossen werden kann, daß Kult und Gottes Gegenwart aufs engste miteinander verbunden sind. Die sogenannte »Erkenntnisformel« führt diesen Gedanken weiter (V. 46): »Und sie werden erkennen, daß ich JHWH bin, ihr Gott, der ich sie aus Ägypten herausgeführt habe, um in ihrer Mitte zu wohnen. Ich bin JHWH, ihr Gott.« »Eine ganz erstaunliche Aussage: Die Herausführung Israels aus Ägypten hat hier gleichsam zum Ziel, daß Gott in der Mitte Israels wohnen wird.«[52] Diese Gegenwart wird immer wieder realisiert, und dazu bedarf es von seiten Israels Vorbereitungen und Voraussetzungen. Der Kultraum und das Opfer schaffen diese Voraussetzungen, innerhalb derer Israel die Nähe Gottes sucht, was dieser seinerseits mit der einwohnenden Gegenwart, der *šᵉkīnāh*, beantwortet.

Im Blick auf die Texte des Ersten Testaments stellt sich die Frage, *welche* kultischen Handlungen als Opfer bezeichnet werden können. Nicht jede liturgisch relevante Handlung, die mit dem Tod eines Tieres zu tun hat, gilt als Opfer. So wird etwa das Schlachten, Zubereiten und Essen des Pessachlammes nicht als Opfer verstanden, ebensowenig wie das »Sündenbockritual«. Zudem führt das Deuteronomium im Zug der Kultzentralisation die »Profanschlachtung« ein, so daß es das Schlachten, Zubereiten und Essen eines Tieres auch außerhalb des kultischen Kontexts gibt. Diese Erkenntnis hat nicht zuletzt christologische Bedeutung. »Nicht jeder kultische Vollzug ist ein Opfer, nicht jedes Opfer dient der Sühne, erst recht nicht jeder opferähnliche Ritus.«[53] Wenn der Tod Jesu Christi im Zusammenhang mit dem Pessachlamm gedeutet wird, dann handelt es sich in beiden Fällen gerade nicht um ein Opfer.

Aber auch im Blick auf den Opferkult insgesamt muß noch einmal differenziert werden unter dem Gesichtspunkt, welcher Akt denn nun tatsächlich als »opfern« bezeichnet werden kann. Dabei stellt sich heraus, daß das Opfern ein aus mehreren Einzelhandlungen zusammengesetzter komplexer Vorgang ist. Die Reduktion des Begriffs etwa auf das Schlachten oder auf das Verbrennen des Tiers trifft den Sachverhalt nur ungenau bzw. reduziert die Komplexität des Vorgangs auf eines seiner Elemente. Dazu gehören neben dem Schlachten auch das Kochen des Fleischs, das Räuchern und vor allem das Mahlhalten, das in der gegenwärtigen Vorstellung vom Opfer häufig übersehen wird, in der Kultvorstellung der biblischen Texte, insbesondere des Deuteronomiums, aber einen zentralen Stellenwert einnimmt.

Wenn man das Opfer als komplexen Gesamtvorgang begreift, dann führt das auch dazu, die Subjekte dieser Handlung differenziert wahrzunehmen, das heißt, sie nicht auf die Tempelpriesterschaft zu beschränken. Für die Frühzeit ist davon auszugehen, daß den Priestern das Räuchern oblag und daß ihnen als Ehrengästen des Opfermahls ein bestimmter Opfertarif zustand. »Das Opfer selbst aber war Sache aller Familienmitglieder, die am Ort der Gegenwart Gottes miteinander Mahl hielten – genauso wie sie alle gemeinsam am Ende Jahwe huldigten.«[54] In diesem Kontext waren auch Frauen an den Opferhandlungen beteiligt. Das Schlachten durch Frauen ist ikonographisch belegt und biblisch in 1 Sam 1, wo Hanna und Elkana gemeinsam die Schlachtung vollziehen. Von daher wird man auch bei Texten, die Frauen nicht explizit erwähnen, von einer Beteiligung von Frauen ausgehen können.

Das lateinische »sacrificere« weist auf eine Bewegung hin, die auch im alttestamentlichen Opferverständnis eine Rolle spielt: etwas Profanes wird geheiligt. Spätestens die Einführung der Profanschlachtung im Kontext der Kultzentralisation betont dieses Element des Opferns, da aufgezeigt wird, wie dieselbe Materie (das Tier) und derselbe Vorgang (das Schlachten und Essen) auch profan verstanden werden kann. Etwas zu heiligen (sacrificere), es aus dem profanen Bereich in einen herausgehobenen anderen Bereich zu überführen, ist eine Funktion des Opfers. Außerdem ist das Opfer ein Geschenk für den Gott Israels; diese Vorstellung begegnet häufig im Ersten Testament. Der Gott Israels wird als Spender der lebensnotwendigen Gaben verstanden. Als eigentlicher Eigentümer des Landes und als der Gott, der Israel in dieses Land geführt hat, bleibt er mit den Lebensgaben, die in der Ernte sichtbar werden, verbunden. Doch die Funktionen des Opfers erschöpfen sich nicht in der Beziehung zwischen Mensch und Gott. Auch die zwischenmenschliche Ebene ist in diesem Kontext präsent, und auch auf dieser Ebene finden Handlungen statt. Die integrative Vorstellung des Opfers, die das *Opfermahl* als Teil des Ritus versteht, ermöglicht eine Funktionsbezeichnung, die mit der »Lust Israels vor seinem Gott«[55] umschrieben werden kann. Dieser Begriff steht vor allem mit der Festtheorie des Deuteronomiums als ältester biblischer Festtheorie in Verbindung. Die »Lust« (oder »Freude«, wie die vom hebräischen *smch* hergeleitete Begrifflichkeit auch übersetzt werden kann) gehört zu den Leitworten der Festtheorie. Der Zusammenhang von Opfer und Lust zeigt, daß die biblische Vorstellung von Opfer sich nicht auf ein Geschehen zwischen den opfernden Menschen und dem Gott Israels beschränkt, sondern die horizontale Dimension explizit anspricht.

Die zwischenmenschliche, die soziale und ethische Dimension des Festes und auch des zum Fest gehörigen Opfers ist in diesem Textbereich so wichtig, daß das Deuteronomium nur solche Opferarten anerkennt, die mit einem Mahl in Zusammenhang stehen.[56] Die Feste dienen der Freude der Menschen, in der Freude liegt ein Stück Erfüllung der Tora, ja, die Freude kann sogar im Rahmen der Festanweisungen geboten werden. Der Begriff der Freude ist der wichtigste Begriff »für eine mit allen Sinnen dem irdischen Leben ergebene Freude, die aber auch ein mystisches Genießen Gottes einschließen kann«[57]. Es ist eine Gemütsbewegung, aber auch ein Handeln, tätiger Ausdruck einer Stimmung.

Lust an der Welt und Lust an Gott schließen einander in diesem Konzept nicht aus. Im Gegenteil: die Lust, die Israel an seinem Gott erfährt, ist sinnlich faßbar im Umgang mit den Dingen, die die Menschen ihrem Gott zu verdanken haben, allen voran den Früchten des Landes. Die Kultzentralisation führt dazu, daß – zumindest in der Idealgestalt – sich das ganze Volk vereinigt am Jerusalemer Heiligtum als dem Ort, den JHWH ausgewählt hat, um dort seinen Namen wohnen zu lassen. Die Versammlung am Heiligtum weist auf die soziale Dimension hin, die das Fest immer auch hat. Die Lust, dic sich im Fest ereignet, ist eine Lust der Gemeinschaft. Dabei fallen soziale Grenzen, die im Alltag bestimmend sein können. Das Fest nimmt als Realsymbol die gerechte Gesellschaft vorweg, die im gewöhnlichen Leben immer Aufgabe bleibt.

Das Fest ist der herausragende Ort, an dem Israel seinem Gott *dient*, ein Begriff, der sich auch im Deutschen als Bezeichnung für Liturgie gehalten hat (Gottes*dienst*). In der Geschichte der hebräischen Sprache wurde dieses Wort immer stärker auf den liturgischen Bereich beschränkt, so lange, bis im Mischnahebräisch der ersten Jahrhunderte n.Chr. *'abōdāh* (ursprünglich einfach: Dienst) nur noch »Gottesdienst« bedeutet. In Dtn 28,47.48 ist diese Bedeutung bereits angelegt:

> *Weil du JHWH, deinem Gott,* ***nicht gedient*** *hast aus Lust und aus Wonne des Herzens am Überfluß von allem,*
> *mußt du* ***deinem Feind dienen****, den JHWH gegen dich ausgesandt hat. Hunger und Durst (wirst du leiden), nackt sein und nichts mehr haben.*[58]

Der Gottesdienst steht in diesem Fall nicht dem Dienst an anderen Göttern gegenüber, wie das in den Auseinandersetzungen um die ausschließliche Verehrung des Einen Gottes Israels an anderen Stellen der Fall ist. Sondern der JHWH-Dienst wird mit dem Dienst an weltlichen Herrschern, an Feinden Israels in eine kontrastive Verbindung gebracht. Die Konsequenz aus dem fehlenden JHWH-Dienst ist die Unterwerfung unter feindliche politische Mächte. Die Formulierung konzentriert die Aufgabe Israels ganz auf die Lust und die Freude des Herzens beim Fest, selbst die sonst in diesem Zusammenhang üblichen Hinweise auf die Einhaltung der Sozialordnung Israels fehlen. Was vom Gottesvolk erwartet wird, ist die Festfreude, hier sogar als einzige Pflicht. Aus heutiger Sicht drängen sich zwei Fragen auf: Wenn die Freude das einzig Erwartete ist, kann das denn so schwer sein? Und: kann Freude verordnet werden?

»In der liturgischen Gesetzgebung des Deuteronomiums steht das Verb *smch* (im Qal) ›Lust haben, sich freuen‹ immer in der syntaktischen Form des Injunktivs, also eines Gebots. Offenbar geht es bei den Aufforderungen zur Freude um etwas, das keineswegs selbstverständlich ist bzw. das seine Plausibilität verloren hat. Was die unermüdlichen Appelle *psycho*logisch bewirken, mag offen bleiben. *Theo*logisch (und juristisch) wollen sie den Anstoß geben, den Weg zu *der* Freude zu suchen, die allein für Israel in Frage kommt. Sie ist bereits durch ihren Ort, das einzig authentische Jahweheiligtum, vorbestimmt – zur Lust an *Jahwe*, niemand anderem, und seinen Gaben.«[59] So kann zwar die Gemütsverfassung nicht befohlen werden, wohl aber der Rahmen, in dem sie sich, so steht zu hoffen, entfalten kann. Das Mahl als wesentlicher Teil des Festes kann nicht die Stimmung der einzelnen Teilnehmenden garantieren, wohl aber einen Raum für das Glück *aller* Menschen in Israel schaffen.

Die Gaben JHWHs, der Ertrag des Landes, der daraus erwachsende Wohlstand und die gebotene Lust daran verbinden die beiden Stränge, von denen wir schon häufig gesehen haben, daß sie im Fest zusammenkommen: den Zyklus der Natur und das historische Ereignis. Die Historisierung der Feste, die Verbindung natürlicher Abläufe mit einmaligen historischen Ereignissen, erhält hier ihre Mitte: in der Freude an den Gaben der Erde. Denn in den Früchten des Landes wird das Geschenk des Exodus Jahr für Jahr mit allen Sinnen faßbar. Die Gabe des Landes, auf der Linie der Geschichte gedacht ein einmaliges Ereignis, erweist sich immer wieder Jahr für Jahr in den Früchten, die dieses Land hervorbringt und Israel schenkt. Die Historisierung der Feste ist auf diesem Hintergrund keine zufällige Verbindung von eigentlich unzusammenhängenden Ereignissen, sondern landwirtschaftliche Zyklen und historische Eckpunkte passen innerlich zusammen wie zwei Teile eines Puzzles. Das Oberthema bleibt das Land, das von JHWH gegeben ist und jährlich seine Früchte Israel zu Verfügung stellt. Diesen inneren Zusammenhang zeigt auch Dtn 26, das »kleine historische Credo«, das beginnend mit einem Rekurs auf den »heimatlosen Aramäer« über die Herausführung aus Ägypten die eigene Geschichte bis hin zum Leben in dem Land, in dem »Milch und Honig fließen« zusammenfaßt. Das Darbringen der Erstlingsfrüchte erscheint hier fast als logische Konsequenz dieses Geschichtsrückblicks.

Israel feiert also im Genuß der Früchte des Landes JHWH als Gott des Exodus. Die Lust an diesem Geschenk ist verknüpft mit der Dankbarkeit für die Gabe des Landes. Die Feier der Ereignisse des natürlichen Jahreszyklus verbindet sich innerlich mit der Gabe des Landes. Daß gerade die Ereignisse um Exodus und Wüstenwanderung die Folie für die Historisierung der ursprünglich naturgebundenen Feste abgeben, ist auf diesem Hintergrund nicht willkürlich, sondern notwendig. Jede Polemik dagegen, die Ereignisse der Natur mit göttlichem Wirken in Zusammenhang zu bringen, erübrigt sich auf der Basis dieser Erkenntnis.

2. Feste und soziale Verantwortung

Das Recht ströme wie Wasser,
die Gerechtigkeit wie ein nie versiegender Bach.
Am 5,24

Die Gabe des Landes ist für Israel immer auch Aufgabe gewesen. Der Genuß der Früchte dieses Landes kann nicht nur einigen ermöglicht werden, sondern muß wirklich für alle Mitglieder dieser Gesellschaft offen sein. Die ausführlichen Listen von Feiernden zeigen, wie wichtig die Einbeziehung auch sozial Schwacher in den Rhythmus von Alltagszeit und Festzeit ist. Denn die Festzeit nimmt die Realisierung der Gebote der Tora vorweg. Deshalb muß zumindest in der Zeit des Festes allen Menschen in Israel der Zugang zu allen Ressourcen gewährleistet werden.
Der Zusammenhang zwischen dem Fest und der sozialen Verantwortung wird vor allem in zwei Textbereichen deutlich. (1) Die Festanweisungen selbst konkretisieren den sozialen Anspruch in vielfältiger Hinsicht. (2) Weisheitliche und prophetische Schriften richten ihre Kritik gegen unangemessenen Kult, der Ausbeutungszusammenhänge und Situationen sozialer Ungerechtigkeit nicht aufdeckt, sondern verschleiert. Die Kritik richtet sich nicht gegen die Fülle, die im Fest spürbar wird, auch wenn die soziale Wirklichkeit diesem Anspruch nicht genügt, sondern gegen eine Festpraxis, die Ungerechtigkeit zementiert. Diese beiden Textsorten, die Weisung und die weisheitliche bzw. prophetische Kritik, gehen Hand in Hand. Beide fordern, daß der Kult nicht auf Kosten von Menschen vollzogen wird, sondern daß das Feiern der Feste die soziale Gerechtigkeit voranbringt und eine gerechte Gesellschaft vorwegnehmend feiert. Der innere Zusammenhang dieser beiden Strömungen im Alten Testament ist zu betonen gegen eine christliche Vereinnahmung von kultkritischen Texten, die in diesen eine grundsätzliche Ablehnung der rituellen Vollzüge, besonders des Opfers, sieht. Eine solche Ablehnung findet sich nirgends in den alttestamentlichen Schriften. Wo das Alte Testament Kultkritik übt, wird eine konkrete kultische Praxis angegriffen, die ihren eigenen hohen Ansprüchen nicht genügt. Auch die Terminologie zeigt einen Zusammenhang zwischen Fest und so-

zialer Verantwortung auf. Der Begriff des Gottesdienstes, *ʿᵃbodāh*, hängt auch im Hebräischen mit dem Begriff des Dienens und auch mit jenem des Knechtes zusammen, so daß der Gottes*dienst* mit dem Gottes*knecht* zunächst einmal rein sprachlich verwandt ist. Zwei individuelle Menschen hat das Erste Testament mit dem Begriff des Knechts JHWHs benannt, den namenlosen Gottesknecht bei Deuterojesaja und den Nichtisraeliten Ijob. Von diesen Gestalten kann der Zusammenhang zwischen Gottesdienst und ethischer Verpflichtung abgelesen werden. Ijob zeichnet sich nicht nur durch angemessenes kultisches Verhalten (Ijob 1,5) aus, sondern auch durch entsprechendes Sozialverhalten (Ijob 31): selbst im Bereich der Wahrnehmung hält er die sexuellen Grenzen ein, er beutet SklavInnen nicht aus und hilft den Schwachen.[60]
Gottesdienst im Kult und solidarisches Verhalten gehören schon in der Tora unmittelbar zusammen. Die Verpflichtung, das Fest mit den SklavInnen, mit den landlosen Mitgliedern des Stamms Levi, mit den Ortsfremden und mit den Witwen und Waisen zu begehen, ruft bestehende soziale Grenzen in Erinnerung, um sie momenthaft aufzuheben. Die Einbeziehung der randständigen Gruppen in das feiernde Geschehen verbindet die Exoduserinnerung mit aktueller sozialer Praxis und hebt in der Festzeit Grenzen auf, die im Alltag noch gültig sind. Auch in sozialer Hinsicht unterscheidet sich die Festzeit von der Alltagszeit. Sie nimmt einen Idealzustand vorweg und akzeptiert soziale Benachteiligung nicht. Damit wirft diese besondere Zeit auch ein Licht auf den Alltag, indem sie immer wieder vor Augen hält, daß Ungerechtigkeit zwar im Alltag unaufhebbar scheinen mag, aber dennoch niemals als selbstverständlich hingenommen werden kann. In der zeichenhaften Realisierung sozial gerechter Verhältnisse formuliert das Fest einen Anspruch an die Alltagswirklichkeit. Den tragenden Grund findet auch diese Dimension des Festes in der Exoduserfahrung. Die Erinnerung an das SklavInnendasein in Ägypten und die von JHWH geschenkte Befreiung daraus bildet einen Motivationshorizont für die Einhaltung der Tora von Gottes- und Nächstenliebe (vgl. Lev 19,18). Diese Erinnerung wird feiernd aktualisiert, so daß die Feste die Existenz Israels im Land vom Exodusereignis her auslegen. Auch in der altorientalischen Mitwelt Israels gibt es eine Verbindung von Gottesdienst und sozialem Verhalten. Die ägyptische Lehre für den König Merikare (Ende des 3. Jahrtausends v.Chr.) fordert von dem Menschen, der seine Vorsorge für das Jenseits treffen will, sowohl die Darbringung von Opfern als auch das »Ma'at-Tun«. Dieser Begriff umfaßt auch das Herstellen gerechter sozialer Ordnungen, wie es an folgendem Zitat deutlich wird:

Tu die Ma'at, damit du auf Erden dauerst.
Beruhige den Weinenden, benachteilige nicht die Witwe,
bringe niemanden um die Habe seines Vaters.[61]

Zu den Voraussetzungen eines angemessenen Kults »gehörte natürlich der rituell richtige Vollzug des Opfers, über den die Priester zu wachen hatten: Er begann bei der Untadligkeit des Opfertieres (Lev 22,17–20.21–25), setzte sich fort bei der strikten Befolgung der Opfervorschriften durch die Priester und die Opfergemeinde (Num 28f; Lev 1–7) und basierte auf der Kultfähigkeit der amtierenden Priester (Lev 8; 21). War sie primär von ihrer rituellen Reinheit abhängig, konnte auch hier der sittliche Gesichtspunkt geltend gemacht werden (1 Sam 2,12ff). In der Regel ging man davon aus, daß die Bedingungen für die Annahme eines Opfers erfüllt waren, wenn die Opfervorschriften eingehalten wurden. [...] Andererseits war die Lauterkeit der das Opfer Darbringenden (Ps 15; 24,3–5) und der das Opfer Vollziehenden (Mal 1,6–2,9) die stillschweigende Voraussetzung für seine göttliche Annahme.«[62]

Auf dieser Basis fordern weisheitliche und prophetische Schriften das ein, was bereits in der Tora angelegt ist. Ob das Hoseabuch einen Gegensatz formuliert zwischen Opfer und Gotteserkenntnis bzw. Solidarität (Hos 6,6), ob das Sprüchebuch den Vorrang von Gerechtigkeit vor Opferpraxis beschreibt (Spr 21,3): nirgends lehnen diese Texte die kultische Verehrung JHWHs ab. Sie erinnern allerdings mit oftmals schriller und ungeduldiger Stimme an die innere Verbindung von Kult und solidarischem Handeln. Das Amosbuch zeigt sehr genau, daß es nicht die Abschaffung des Kults zum Ziel hat, sondern die wahrhaftige Erfüllung kultischer Gebote. Denn das Aufgeben des Festes bedeutet auch den Verzicht auf ein wichtiges Korrektiv der Ausbeutungsverhältnisse. Wo die Feiernden das Ende des Festes herbeisehnen, um ihrer alltäglichen ökonomischen Logik zu folgen (Am 8,5f), wird das Fest als Infragestellung der Ausbeutungsverhältnisse pervertiert, gleichzeitig aber diese Dimension des Festes im Mangel wieder besonders sichtbar. Mit dem Fokus auf den Alltag gilt: Wer die Gerechtigkeit im Alltag nicht zu verwirklichen sucht, kann auch kein Fest im Namen des Gottes Israels feiern. Feste, die die bestehenden Verhältnisse nicht mehr in Frage stellen, werden Gott zur Last (Jes 1,14). Die Verwirklichung von Recht und Gerechtigkeit, in der ägyptischen Terminologie das »Tun der Ma'at«, müssen mit dem Feiern Hand in Hand gehen. Denn andernfalls erfüllen die Feste, erfüllt der Kult weder seine zwischenmenschliche noch seine im engeren Sinne religiöse Funktion. Wo das Fest nicht zur gerechten Beziehung zwischen den Menschen beiträgt, entzieht sich auch Gott. Der Kult dient nur dann der Öffnung des Menschen für die Gegenwart Gottes, wenn sich die Menschen einander nicht verschließen.

3. Feste und die Kultur des Erinnerns

Jedes Element der rituellen Ordnung verweist auf dies Geschehen, und die Form der Verweisung ist die Erinnerung (hebr. »zikaron«)
Jan Assmann[63]

»Wenn euch eure Kinder fragen: Was ist dieser Dienst für euch?« Ex 12,26 thematisiert die Weitergabe der Exoduserinnerung an die Folgegenerationen. Die Vermittlung von gemeinschafts- und sinnstiftenden Inhalten wird

da problematisch, wo eine Grenze von etwa 40 Jahren zwischen dem Ereignis und dessen Übermittlung überschritten ist. Dieser Generationenbruch markiert das Ende der Augenzeugenschaft und damit den Übergang vom kommunikativen ins kulturelle Gedächtnis. Eine Übernahme bestimmter Inhalte ins kulturelle Gedächtnis, also in jenen Fundus von Bildern, Geschichten und Riten, die die Identität einer Gemeinschaft formieren, bedarf gesonderter Aufmerksamkeit und im folgenden regelmäßiger Pflege. Denn daß eine Generation nach der nächsten einen Inhalt als bewahrenswert anerkennt, geschieht nur dann, wenn mit den Inhalten auch Plausibilitätsstrukturen mitüberliefert werden. »Was ist dieser Dienst für euch?« – das ist eine Frage nach solchen Plausibilitäten. Die nächste Generation nimmt die Riten wahr; um sie aber für sich selbst zu übernehmen und selbst auch weiterzugeben, muß sie den Inhalt für neue Kontexte fruchtbar machen können. Der Aufwand, der in den Schriften des Ersten Testaments im Kontext der Gedächtnispflege getrieben wird, weist auf die Gefährdung der Gedächtnisinhalte und auf die Abhängigkeit der Gemeinschaft von diesen Inhalten hin. Wenn die sich im nachexilischen Jerusalem gerade konstituierende Gemeinde im Zuge der Toralesung quasi die Tora nachbuchstabierend das Laubhüttenfest feiert (Neh 8), wird etwas von der gemeinschaftsstiftenden Kraft gemeinsamen Erzählens und gemeinsamen Feierns spürbar, aber auch von der Mühe, die die Weitergabe von Sinnstrukturen kostet.

Eine gelingende Weitergabe der Inhalte und der Plausibilitätsstrukturen des kulturellen Gedächtnisses ist von mehreren Faktoren abhängig. Sie bilden zusammen etwas wie eine Didaktik des Erinnerns. Im Kontext des Festes, das eines der herausragenden Medien des kulturellen Gedächtnisses ist, sind folgende didaktisierende Elemente von Bedeutung: *Zeitrhythmus, Frage und Erzählung, Schrift und rituelles Tun*. Sie lassen sich nur auf dem Papier in eine geordnete Reihenfolge bringen, in der biblisch dargestellten Festpraxis treten sie gleichzeitig auf.

Das Fest braucht die Wiederholbarkeit, sowohl für die Inszenierung des Gemeinschaftsbewußtseins[64] als auch, um den einmaligen historischen Ereignissen, die es begeht, einen Raum in der Zeit zu schaffen. Dazu muß die Festzeit eine andere sein als die Alltagszeit. Das Fest ist »Moratorium des Alltags«[65]. Es eröffnet als das Andere des Alltags den Raum für die großen Fragen, für den Blick auf das Ganze. Die heilige Zeit ermöglicht es, die Fragen zu stellen, die im Alltag nicht gestellt werden können. Während der Alltag stark vom mimetischen Gedächtnis geprägt ist, ist das Fest der Ort des kulturellen Gedächtnisses, der großen Fragen. Das Fest bindet auch bestimmte Gedächtnisinhalte an geprägte Zeiten, einzelne Inhalte verbinden sich so scheinbar willkürlich mit erlebbaren Rhythmen (zumindest im jüdischen und im christlichen Kalender). Die historischen Ereignisse bleiben verbunden mit den landwirtschaftlichen, so daß der Exodusgott sinnlich erfahren wird. Die Beziehung zwischen Israel und JHWH, die ihren Anfang nicht in mythischer Urzeit, sondern in einem historischen Ereignis hat, muß aktualisiert werden, indem Israel diesen einmaligen Anfang immer wieder in der sinnlichen Erfahrung der Früchte des Landes als Geschenk des Exodusgottes feiert. »Das kulturelle Gedächtnis haftet am Festen.«[66] Wo das einmalige historische Ereignis mit immer demselben wiederholbaren natürlichen Ereignis zusammengebracht wird, trägt die feiernde Gemeinschaft dieser Anforderung der Didaktik des Erinnerns Rechnung, indem sie das einmalige Ereignis in den Rhythmus der Zeiten einschreibt.

Diese zum Alltag andere Zeit öffnet Raum für die großen Fragen. Die nächste Generation stellt Fragen. Sie will wissen, was denen, die vor ihr kommen, wichtig ist, was sie dazu bringt, so zu handeln, wie sie es tun. Die Frage geht der Belehrung, geht der Erzählung voraus. Aufgabe des Ritus ist es, das Kind neugierig zu machen, das Kind zum Fragenden werden zu lassen. Besonders Ex 12 thematisiert immer wieder das Weitergeben von Inhalt, Brauch und Plausibilität an die nächsten Generationen. Die Riten und Symbole fordern zum Fragen heraus. Die Erzählung deutet das Symbol. Aus dieser Struktur ist zu ersehen, daß »die Symbole nicht ›für sich‹ sprechen, sondern einer Deutung bedürfen«[67].

Das Ritual garantiert Wiederholbarkeit. Zudem verbindet es sinnliche Erfahrungen mit Inhalten der Tradition. Das Einbeziehen der Sinne wiederum unterstützt die Erinnerung. Die biblischen Feste entfalten den Imperativ des Erinnerns. Sie machen deutlich, daß Erinnern und Bewahren keine rein intellektuellen Vorgänge sind, sondern daß die Mnemotechnik den ganzen Menschen einbezieht. Neben dem Wort (in seiner gesprochenen oder geschriebenen Form) gehören körperliche Ausdrucksformen wie Stimme und Tanz dazu, aber auch rituelle Handlungen, die wiederum ihre eigenen sinnlichen Wahrnehmungen herstellen, etwa Geruchs- und Geschmacksnerven betreffen. Wenn die Erinnerung an den Auszug mit dem Essen von Ungesäuertem verbunden wird, dann schmeckt ungesäuertes Brot nach Freiheit. Ursprünglich unzusammenhängende Erfahrungen werden miteinander auf eine Weise verknüpft, daß sie dem in diese Erinnerungsgemeinschaft hineingewachsenen Menschen als notwendig verbunden erscheinen, daß das Einspielen des einen das andere wachruft. Diese bewahrende Potenz des Rituals macht deutlich, warum das Fest und der Ritus in der Organisation des kulturellen Gedächtnisses einen hohen Stellenwert einnehmen.

Die Kultur des alten Israel hat teil an einer Bewegung hin zur Schriftlichkeit, die eine Umwälzung der Gedächtnisformen mit sich bringt. Die zentralen Inhalte können nun schriftlich fixiert und weitergegeben werden. Was auf den ersten Blick aussieht wie die Garantie für Kontinuität, birgt bei näherem Hinsehen »Risiken des Vergessens und Verschwindens, Veraltens und Verstaubens, die der mündlichen Überlieferung fremd sind«[68]. Schriftlichkeit per se bringt noch keine Kontinuität. Diese muß auf andere Weise hergestellt werden. Die Gesellschaft muß Räume für die Sinnpflege schaffen, die das Vorhandensein des Textes übersteigen. Die Grundvoraussetzung der Weitergabe, nämlich persönliche Anwesenheit und Zusammenkunft, muß mit dem Medium Text verknüpft werden. So bekommt die

Schriftlesung ihren Ort im Fest. Der mit höchster Verbindlichkeit festgelegte kanonische Text muß nicht nur bewahrt und kommentiert, sondern auch gemeinschaftlich realisiert werden. Das geschieht im Vorlesen. Es ist kein Zufall, daß in der biblischen Erzählung dort, wo ein Kanonisierungsprozeß beschrieben wird, auch von (halb)öffentlicher Lesung die Rede ist. 2 Kön 22 erzählt von der Auffindung des Buches der Tora (wahrscheinlich einer Vorform des Dtn) und davon, daß daraus vorgelesen wird. Neh 8 beschreibt die Feier des Laubhüttenfestes, die selbst wiederum durch Lektüre angestoßen wird. Jeden Tag wird außerdem während dieses im Buch Nehemia geschilderten Laubhüttenfestes aus der Schrift vorgelesen. Die Schriftlesung geht noch einen Schritt weiter als das Erzählen. Sie bindet einen feststehenden kanonischen Text in die rituellen Abläufe ein. Das Fest wird so auch zum Ort, an dem der kanonische Text seine Produktivität entfaltet, an dem er durch Hören und Kommentieren (Neh 8,8) Sinn freisetzt. Der Kanon braucht die Räume, in denen sein Sinnpotential realisiert wird.

Sowohl im Judentum als auch im Christentum nimmt die Schriftlesung eine wichtige Stellung in der Liturgie ein. Die Ordnung des jüdischen Kanons ist sogar von der liturgischen Verwendung der Schriften her zu verstehen. Der jüdische Kanon ist dreigeteilt: das Kunstwort *TaNaCh* bezeichnet die drei Teile Tora, Neviim/Propheten und Ketuvim/Schriften. Die Tora bildet die Basis, aus ihr wird in wöchentlichen Abschnitten in Form einer Bahnlesung vorgetragen. Dazu kommentierend sind Haftarot, Prophetenlesungen, Bestandteil der wöchentlichen Liturgien. Der dritte Bereich, die Schriften, hat keine vergleichbare wöchentliche liturgische Funktion; aus einem Teil dieser Bücher wird anläßlich der großen Jahresfeste vorgelesen: Pessach – Hoheslied; Schawuot – Rut; Sukkot – Kohelet; Purim – Ester; Gedenktag der Tempelzerstörung – Klgl. Die fünf Megillot (Festrollen) sind im Mittelalter als Gruppe zusammengefügt worden; und auch die Reihung der Megillot untereinander erfolgt in vielen Quellen nach liturgischen Gesichtspunkten, nämlich nach der Abfolge der Feste im Jahreskreis.[69]

Fest und Schrift stehen in einer gegenseitigen Abhängigkeit, wie sie innerbiblisch in Neh 8 zum Tragen kommt. Die Schrift erzählt Ereignisse und gibt Anweisungen für Feste, welche diese Ereignisse feiernd vergegenwärtigen sollen. Die Gemeinschaft, die sich auf diese Schriften beruft, aktualisiert die Anweisungen im Fest und liest zu solchen Anlässen wiederum aus der Schrift vor.

Die Feste geben Raum für die Erinnerung, für die Weitergabe und Pflege des kulturellen Gedächtnisses. Sie strukturieren die Zeit, indem sie einmalige Ereignisse in den Zyklus des Jahres einschreiben. Und so geben sie den Menschen die Möglichkeit, Distanz zu gewinnen vom Alltäglichen, um den Blick auf das Ganze immer wieder frei zu bekommen.

Neues Testament

Peter Dschulnigg

Einführung

Feste dienen dem Gedenken wichtiger und bestimmender Grunderfahrungen, sei es im privaten Bereich der Familie, in der gesellschaftlich-staatlichen Öffentlichkeit oder in Religionsgemeinschaften. In Religionsgemeinschaften dienen sie der Vergegenwärtigung von Erfahrungen göttlichen Wirkens, im Judentum näherhin des Handelns des einzigen und einzigartigen Herrn und Befreiers seines Volkes, im Christentum dieses Gottes Israels, der in Jesus Christus endgültiges Heil gewirkt hat. Feste fassen in symbolischer Verdichtung wichtige Heilserfahrungen des jüdisch-christlichen Glaubens zusammen, sie dienen der Erfahrung von Gottes Transzendenz und seiner heilwirkenden Immanenz, der Gliederung von Zeit und Raum und der Gemeinschaftserfahrung der Glaubenden, welche sie liturgisch begehen. Mitfeiernd werden die Glaubenden in die Geschichtserfahrung des Volkes Gottes eingebunden und nehmen am vergangenen Heilshandeln teil, das nun in ihrer Gegenwart neu erfahrbar wird und zum tragenden Grund ihres Lebens werden kann.

Die jüdischen und christlichen Feste haben je einen eigenen Festgehalt, der auch in jeweils angemessener Weise im liturgischen Handeln zum Ausdruck kommt. In diesen liturgischen Feiern kommt der Verlesung der biblischen Texte eine besondere Bedeutung zu, welche das zu begehende Ursprungsgeschehen festhalten und für die Adressaten vergegenwärtigen. Wir werden im folgenden unter anderem Texten des Neuen Testaments nachgehen, die alttestamentlich-frühjüdische Feste erwähnen, sei es nur als bloßes Faktum oder weil sie für Adressaten einzelner Schriften weiter bedeutsam waren und ihre religiöse Erfahrung bestimmten. Daneben werden wir uns aber auch neutestamentlichen Texten zuwenden, die in neuer Weise wirksam wurden, indem sie christliche Adressaten späterer Zeiten veranlaßt haben, in Feiern und Festen das liturgisch zu begehen, wovon diese Texte sprachen oder im Rahmen neuer Erfahrungen zu sprechen begannen. In beiden Bereichen ist im Rahmen dieses Buches keine Vollständigkeit zu erreichen.

Wo alttestamentlich-frühjüdische Feste von christlichen Adressaten aufgenommen wurden, gilt es auch zu fragen, wie sie im christlichen Erfahrungshorizont teils auch neu gesehen und verstanden worden sind. Bei anderen neutestamentlichen Texten, die erst in späteren Jahrhunderten durch kirchliche Rezeption »festwirksam« wurden, ist auch auf den neuen und veränderten Horizont späterer Zeiten zu achten, der das zu erinnernde Geschehen in neue Koordinaten stellte und es teils nicht unwesentlich verändert hat. Wir haben also beiderorts mit Transformationen der Festgehalte zu rechnen, was über die historische Distanz von Jahrhunderten überhaupt nicht erstaunlich, sondern ganz verständlich ist. Auch die alttestamentlichen Feste haben innerbiblisch über den Verlauf von Jahrhun-

derten ihre Akzente teils stark gewandelt, so etwa insbesondere von einer frühen agrarischen Bedeutung zu einer späteren heilsgeschichtlichen Ausrichtung.
Von daher ist es auch verständlich, daß gerade alttestamentlich-frühjüdische Feste, welche besonders im judenchristlichen Bereich weiterhin von Bedeutung waren, nun gerade eine neue christologische Akzentsetzung und Ausrichtung bekommen haben. Wir werden dies vor allem bei den Festen im Johannesevangelium beobachten, aber auch in anderen neutestamentlichen Texten.
Nun sind ganz kurz alttestamentlich-frühjüdische Feste oder Riten zu nennen, die im Neuen Testament erwähnt werden: Sabbat, Pascha, Wochenfest, Laubhüttenfest, Tempelweihfest, Versöhnungstag, Hochzeit, Beschneidung, Reinigung der Wöchnerin/Darstellung der Erstgeburt, Tempelaufenthalt. Diese Feste oder Riten/Gebräuche werden im Neuen Testament unterschiedlich häufig erwähnt und sind mal von hoher, mal nur von untergeordneter Bedeutung.
Ebenfalls kurz sind neutestamentliche Aussagen oder Texte anzuführen, die in späteren Jahrhunderten der Kirche aufgenommen wurden und zu Festen von unterschiedlicher Verbreitung und verschiedenem Gewicht geführt haben: Himmelfahrt/Entrückung Jesu, Geburt Jesu, Verkündigung Jesu.
Demgegenüber wird der Sonntag oder Herrentag schon im vom Neuen Testament bezeugten Urchristentum gefeiert. Die Osterfeier wird auch früh anzusetzen sein, sie gehört aber mit dem Paschafest zusammen. Ähnliches gilt für das erst im 4. Jahrhundert sich herausbildende Pfingstfest, das wohl im neutestamentlichen Bezugstext (Apg 2) mit dem alttestamentlich-frühjüdischen Wochenfest zusammen zu sehen ist.

Diese Feste sollen nun in folgender Gliederung nach Kapiteln geordnet behandelt werden:
A. Sabbat und Sonntag
B. Pascha und Ostern
C. Feste und Festimpulse nach dem lukanischen Doppelwerk (Himmelfahrt, Wochenfest/Pfingsten, Geburt Jesu, Verkündigung, Beschneidung, Darstellung, Tempelaufenthalt des Kindes)
D. Feste im Johannesevangelium (Hochzeit zu Kana, Paschafest, Fest Kap. 5, Laubhüttenfest, Tempelweihfest)
E. Christus als Hoherpriester der endgültigen Versöhnung (Hebr 9: Versöhnungstag)

Schon aus der Übersicht wird ersichtlich, daß unter den Schriften des Neuen Testaments dem Lukas- und Johannesevangelium die größte Bedeutung für unsere Thematik zukommt. Im abschließenden Kap. 7 (Rückblick und Ausblick) werden wir unter anderem auch dies zu bedenken haben und nach der Ursache der unterschiedlichen Wirkung der Schriften in der Geschichte des Christentums fragen.

A. Sabbat und Sonntag

1. Der Sabbat im Neuen Testament

1.1 Zum Sabbatverständnis im Frühjudentum

Das biblische Verständnis des Sabbats, wie es sich gerade in nachexilischer Zeit herausgebildet hatte, prägte das Frühjudentum nachhaltig. Der Sabbat war neben der Beschneidung zu einem besonderen Zeichen des Bundes Gottes mit seinem Volk geworden, er hob Israel von den Völkern ab und sollte deshalb auch streng eingehalten werden. Die hohe Bedeutung des Sabbats zeigt sich auch daran, daß er in den Dekalog eingegangen ist. Beide Dekalogfassungen fordern die Heilighaltung dieses Tages und die Ruhe für alle sozialen Schichten, für Arbeitstiere und Fremde. Die Dekalogfassung des Buches Deuteronomium begründet die Sabbatruhe in der Herausführung aus dem Sklavenhaus Ägypten, also in Gottes befreiendem Handeln im Exodus (Dtn 5,12–15). Die Dekalogfassung des Buches Exodus begründet die Sabbatruhe dagegen in der Ruhe des Schöpfers am siebten Tag; der Mensch soll sich wie der Schöpfer verhalten und am siebten Tag von seinem Werk ruhen (Ex 20,8–11; vgl. Gen 2,2f).
Im nachbiblischen Frühjudentum wird sehr detailliert über am Sabbat verbotene Arbeiten diskutiert. Entsprechende Bestimmungen finden sich im Jubiläenbuch sowie in Qumran (Jub 2,29f; 50,6–13; CD 10,14–11,18) und später dann auch im Traktat Schabbat der Mischna. Die Sabbatanordnungen sind in Qumran teils strenger als in anderen jüdischen Gruppierungen und in der Jesusüberlieferung. Daraus kann aber nicht geschlossen werden, daß einzelne Aussagen der Jesusüberlieferung zum Sabbat den Rahmen frühjüdischen Denkens überschreiten. Vieles war hier noch in der Diskussion, und detaillierte, normative Arbeitsverbote von allgemeiner Verbindlichkeit können für das Frühjudentum des 1. Jahrhunderts noch nicht vorausgesetzt werden.

1.2 Jesus und der Sabbat nach den synoptischen Evangelien

Nach den synoptischen Evangelien hat Jesus am Sabbatgottesdienst in der Synagoge teilgenommen und im Anschluß an die Lesungen aus dem Gesetz und den Propheten auch das Evangelium verkündigt und gelehrt (Mk 1,21f par; 3,1 par; 6,2; Lk 4,16ff; 13,10). Waren bei seinem Wirken am Sabbat auch Kranke anwesend, hat Jesus bei dieser Gelegenheit mehrfach geheilt. Waren auch engherzige Vertreter aus dem Kreis der Pharisäer zugegen, wurde alsbald der Vorwurf der Sabbatverletzung gegen Jesus erhoben, weil auch ärztliche Arbeit nur bei Lebensgefahr erlaubt war (Lebensgefahr verdrängt den Sabbat)[1]. Jesus hat sich in solchen Situationen mit der geläufigen Praxis gegenüber Tieren und Menschen am Sabbat verteidigt: Auch Ochs und Esel führt man am Sabbat zur Tränke (Lk 13,15). Den eigenen Sohn oder Ochsen, der in den Brunnen fällt, zieht man am Sabbat heraus (Lk 14,5; vgl. Mt 12,11). Wenn man sich gegenüber Tieren so verhält, wieviel mehr gilt es dann, einen kranken und bedrängten Menschen am Sabbat zu heilen (Mt 12,12).

Jesus hat sein heilendes Tun am Sabbat nicht als verbotene Tätigkeit an diesem Tag gewertet, er hat es vielmehr aus apologetischen Gründen in den Rahmen der gängigen Sabbatpraxis seiner Zeit und wohl auch seiner Gegner gestellt. Ein Wort wie Lk 13,15f aber weist darüber hinaus darauf hin, daß es Jesus darum ging, am Sabbat die befreienden und rettenden Wundertaten des Exodus an geknechteten Menschen zu vollziehen. Der Sabbat als Tag des Gedenkens an den befreienden Exodus aus dem Sklavenhaus Ägypten sollte durch rettende Wundertaten Jesu ausgezeichnet und zu einer neuen Sinnerfüllung gebracht werden. Jesus ging es also nicht darum, den Sabbat mutwillig zu brechen oder seine stockfrommen Gegner zu provozieren. Vielmehr sollten gerade am Sabbat kranke Menschen zur ursprünglichen Integrität und Güte der Schöpfung wiederhergestellt (Mk 3,5 par) und zur aufrechten Freiheit der Kinder Gottes befreit werden (Lk 13,15f). Jesus hat damit die doppelte Begründung der Sabbatruhe in den beiden Dekalogfassungen in seinen Heilungen am Sabbat miteinander verbunden und zum Ziel gebracht. Er hat leidende Menschen zur ursprünglichen Güte des Schöpfungswerkes zurückgeführt (Ex 20,11; vgl. Gen 1,1–2,3) und erneute Knechtschaft im Volk Gottes durch sein befreiendes Wunderwirken überwunden (Dtn 5,15).

Nach Mk 2,23–28 par mußte sich Jesus gegenüber Gegnern auch rechtfertigen, weil seine Jünger am Sabbat Ähren abgerissen haben. Jesus hat ihr Verhalten zunächst durch einen alttestamentlichen Beispielfall legitimiert: Auch David hat in einer Notlage von den Schaubroten des Heiligtums, die den Priestern vorbehalten waren, gegessen und seinen Begleitern davon gegeben (vgl. 1 Sam 21,1–7). Der Verweis auf das alttestamentliche Beispiel setzt voraus, daß Jesus implizit mindestens die Autorität Davids zugesprochen wird. Das Menschensohnwort am Schluß der Szene weist dann auch darauf hin, daß Jesus als eschatologisch bevollmächtigter Verkünder des Reiches Gottes David weit überragt und ihm als solchem auch Vollmacht über das rechte Verständnis des Sabbats zukommt (Mk 2,28 par; vgl. Dan 7,13f; Mt 11,27 par).

1.3 Akzente der einzelnen Evangelien zum Wirken Jesu am Sabbat

Nun soll auf wenige Akzente der einzelnen Evangelien in bezug auf den Sabbat hingewiesen werden. Nach dem *Markusevangelium* beginnt Jesus nach der eröffnenden Zusammenfassung seiner Verkündigung (1,14f) und der Berufung der ersten vier Jünger (1,16–20) mit seiner Verkündigung in Kafarnaum, und zwar in der Synagoge am Sabbat (1,21). Dabei wird die

Vollmacht der Lehre Jesu herausgehoben (1,22) und diese gleich in der Heilung eines besessenen Menschen in der Synagoge aufgewiesen (1,23–28; vgl. V.27). Jesus als der Heilige Gottes (1,24) und Verkünder der anbrechenden Herrschaft Gottes (1,15) besiegt die Macht des Bösen. Das Reich Gottes bricht durch Jesus als heilende Macht am Sabbat in diese Welt ein und rettet einen besessenen Mann und die Schwiegermutter des Petrus (1,29–31). Hier am Anfang äußert sich trotz der Heilungen am Sabbat noch keine Feindschaft gegenüber Jesus; sie wird erst später laut (2,23–3,6) und geht so weit, daß die Pharisäer im Anschluß an die Heilung des Menschen mit der verdorrten Hand beratschlagen, wie sie Jesus vernichten können (3,6). 3,6 weist nach 2,20 nun schon deutlich auf die Passion voraus, die Jesus nach dem Markusevangelium auch wegen seines humanen Sabbatverständnisses erleiden wird (vgl. 2,27).
Im *Matthäusevangelium* konzentriert sich die Sabbatreflexion praktisch auf 12,1–14, wobei die Markus-Vorlage (Mk 2,23–3,6) im ersten Teil (Ährenraufen) erweitert, im zweiten Teil (verdorrte Hand) durch eine Fallargumentation verändert wird. Der Verweis auf David aus den prophetischen Schriften (12,3f: 1 Sam 21) wird durch ein Argument aus dem Gesetz (12,5f: Priesterdienst am Tempel entweiht den Sabbat nicht; vgl. Num 28,9) ergänzt und durch ein Schriftzitat bestätigt (12,7: Hos 6,6 »Erbarmen will ich, nicht Opfer«). Damit wird die Argumentation Jesu deutlicher in den judenchristlichen Horizont des Verfassers des Matthäusevangeliums gestellt, der wohl Adressaten im Blick hat, die den Sabbat mehrheitlich noch einhalten (vgl. 24,20).
Nach dem *Lukasevangelium* beginnt Jesus sein öffentliches Wirken nach einer ersten kurzen Zusammenfassung (4,14f) exemplarisch in Nazaret (4,16–30) und danach in Kafarnaum (4,31ff), und zwar je in der Synagoge am Sabbat. Dabei wird er in seiner Heimatstadt als Prophet zurückgewiesen, während er in Kafarnaum als Lehrer und Wundertäter in Vollmacht angenommen wird. So wird von Anfang an erkennbar, daß Jesus zum Zeichen des Widerspruchs und der Scheidung in Israel bestimmt ist, die einen kommen an ihm zu Fall, die anderen zum Aufstehen (2,34f).
Die Parallele zu Mk 2,23–3,6 verarbeitet der Lukasevangelist in 6,1–11, während er zwei weitere Sabbatheilungen aus dem Sondergut in 13,10–17 (Heilung der verkrümmten Frau) und 14,1–6 (Heilung eines Wassersüchtigen) plaziert. In dieser Weise gewinnt der Sabbat im Lukasevangelium ein vergleichsweise hohes Gewicht (vgl. auch Apg). Die Gegner Jesu werden beschämt, während das ganze Volk sich über die wunderbaren Befreiungstaten Jesu am Sabbat freut (13,17; vgl. Ex 34,10).
Im *Johannesevangelium* sind zwei der sieben Wunderzeichen Heilungen, die am Sabbat stattfinden, wie je nachträglich festgestellt wird (5,9; 9,14). Jesus heilt einen Gelähmten am Teich Betesda (Joh 5) und einen von Geburt an Blinden (Joh 9); dazwischen verteidigt er sich noch am Laubhüttenfest wegen der ersten Sabbatheilung (7,19–24). Anders als bei den Synoptikern verletzt Jesus hier das Sabbatruhegebot: Er gebietet dem

Gelähmten, das Bett zu tragen (5,8), er bereitet Lehm und bestreicht damit die Augen des Blinden (9,6). Der Bruch des Sabbats wird vor dem Gesetz als gerechtfertigt dargestellt, weil am Sabbat auch die Beschneidung vollzogen wird (7,22f), und in einer grundsätzlichen theologischen Überlegung, weil nach dem Wort Jesu »mein Vater bis jetzt wirkt, und auch ich wirke« (5,17). Jesus wirkt die Werke Gottes, der auch am Sabbat sein erbarmendes und richterliches Handeln ausführt. Dies wird in Kap. 9 exemplarisch vollzogen: Der Blinde erfährt am Sabbat Jesu Erbarmen durch die Heilung und findet zum Glauben an ihn, die gegnerischen Pharisäer werden dagegen in ihrem Unglauben gerichtet. So vollzieht der Sohn in Wirkeinheit mit dem Vater Gottes Werk und erweist gerade darin seine unvergleichliche göttliche Vollmacht als sein Gesandter, der das Werk der Neuschöpfung und Erlösung sowie des Gerichts in der Heilung des Blindgeborenen wirkt (vgl. 5,17; 9,3–5).

1.4 Der Sabbat in der Briefliteratur

Abgesehen von den Evangelien und der Apostelgeschichte ist im Neuen Testament nur noch ganz selten vom Sabbat die Rede. In den Briefen an Adressaten aus dem Missionsbereich des Paulus und seiner Schüler wird der Sabbat nur *Kol 2,16* explizit erwähnt. Der Sabbat wie andere Festtage werden als Schatten des Kommenden gewertet, sie verblassen vor der Wirklichkeit, die in Christus gegeben ist. Hier ist allerdings zu beachten, daß damit nicht direkt der Sabbat Israels abgewertet wird. Der Verfasser des Kolosserbriefes bekämpft vielmehr eine Irrlehre, die als »Philosophie« bezeichnet wird (2,8) und in die auch jüdische Elemente integriert wurden, die aber insgesamt einen »jüdisch-christlich-gnostischen ›Synkretismus‹«[2] darstellt.

Bei Paulus selbst ist nur bei den *Gal 4,10* erwähnten Tagen, die von den Adressaten beobachtet werden, an den Sabbat zu denken. Dabei werden heidenchristliche Adressaten angesprochen, die unter dem Einfluß judaisierender Gegner des Paulus zur Einhaltung jüdischer Festzeiten gedrängt werden. Paulus lehnt dies ab und wertet es polemisch als einen Rückfall in ihre frühere heidnische Verehrung der (Gestirns)Elemente (4,9). Erneut lehnt Paulus nicht den Sabbat Israels grundsätzlich ab, er weist nur die Heidenchristen als heilsnotwendig aufgezwungene Beobachtung jüdischer Festtage durch judenchristliche Gegner in Galatien zurück.

Die letzte zu besprechende Stelle ist *Hebr 4,9*, wonach für das Volk Gottes noch eine Sabbatruhe (sabbatismos) aussteht. Hier wird die Ruhe Gottes am siebten Tag von allen seinen Werken (4,4; vgl. Gen 2,2) zum Vorbild der Heilsverheißung der ewigen Vollendung des Volkes Gottes im Angesicht Gottes. Diese Heilsverheißung lebt ganz aus der jüdischen Sabbat-Theologie, welche die Vorstellung der Sabbatruhe mit der Anbetung und dem Lobpreis Gottes verbindet (Jub 2,21; 50,9; 2 Makk 8,27).[3] »Die mit dem Begriff sabbatismos umschriebene Sabbatruhe meint...das vollendete

Dasein des mit Jesus Christus in die Ruhe Gottes eingegangenen neuen Gottesvolkes.«[4] Hier wird abschließend deutlich, daß der Sabbat im jüdischen und judenchristlichen Denken auch eine endzeitliche Heilsvorstellung abgibt, womit der Übergang zum Sonntag bereits vorbereitet ist.

2. Der Sonntag im Neuen Testament

Der Sonntag wird im Neuen Testament im jüdisch-judenchristlichen Horizont fast durchweg als erster Tag der Woche bezeichnet. Judenchristliche Gemeinden werden weiter den Sabbat als Ruhetag eingehalten haben. Daneben dürften sie aber bereits früh den ersten Tag der Woche durch eine gottesdienstähnliche Feier am Abend begangen haben. Die ausdrücklichen Aussagen über eine sonntägliche Feier christlicher Gemeinden sind im Neuen Testament noch relativ selten.
1 Kor 16,2 ordnet Paulus für die Gemeinde von Korinth an, daß die Gläubigen am ersten Tag der Woche Geld für die Sammlung der Kollekte an die Jerusalemer Gemeinde beiseite legen. Die Annahme liegt nahe, daß gerade dieser Tag auch durch die gemeindliche Feier des Herrenmahles ausgezeichnet wurde (1 Kor 11,17–33).
Diese Annahme wird durch *Apg 20,7–12* für die Gemeinde von Troas bestätigt, die am ersten Tag der Woche zum Brechen des Brotes versammelt ist. Nach diesem Text leitet Paulus selbst die gottesdienstliche Sonntagsfeier und dehnt seine Verkündigung zunächst bis Mitternacht (V.7), dann sogar bis zum Tagesanbruch aus (V.11), worauf er die Gemeinde zur Weiterreise nach Jerusalem verläßt. Der Gottesdienst ist durch das Brotbrechen und die Verkündigung des Paulus geprägt, dazwischen ist die Auferweckung des verunglückten Eutychus eingefügt, die Paulus überdies als großen Wundertäter auszeichnet. Dabei ist zu beachten, daß die Wundertat der Sonntagsfeier zu- und untergeordnet bleibt und daß die Auferweckung des jungen Mannes auch auf den Sonntag als Tag der Auferstehung Christi hinweisen kann.
Die übrigen Zeugnisse des Neuen Testaments heben den ersten Tag der Woche jedenfalls deutlich als Tag der Auferstehung Jesu Christi hervor. Nach *Offb 1,9–20* erscheint der himmlische Christus dem Propheten Johannes am Tag des Herrn (V.10) gleich einem Menschensohn. Johannes sieht den Erscheinenden in der Würde dessen, der von Gott in die Funktion des himmlischen Menschensohnes eingesetzt ist, dem »Herrschaft, Würde und Königtum« gegeben sind (Dan 7,13f). Dieser stellt sich selbst als der Lebendige vor, der tot war, auferweckt wurde und nun Vollmacht über den Tod und die Totenwelt hat (V.17f). Hier wird der erste Wochentag als Herrentag bezeichnet, weil es der Tag des von Gott auferweckten und in göttliche Herrlichkeit eingesetzten Herrn ist.
Demgegenüber sprechen die Evangelien am Schluß durchgehend vom er-

sten Tag der Woche, der auf den Sabbat der Grabesruhe Jesu folgt. *Mk 16,1–8* wird der Gang der Frauen zum Grab am ersten Wochentag noch durch zwei Zeitangaben näher präzisiert, nämlich durch »sehr früh« und »als die Sonne aufging« (V.2). Es ist möglich, daß diese Doppelung einen übertragenen Sinn hat und im Lichte der Osterverkündigung des Engels im Grab an die Frauen zu lesen ist. Der gekreuzigte Jesus von Nazaret, den die Frauen suchen, ist von Gott auferweckt worden. Er ist der Sonne vergleichbar im strahlenden Glanz aufgegangen und wird seinen Jüngern in Galiläa in Herrlichkeit erscheinen, wo er sie zur weltweiten Mission sammeln und senden wird (Mk 16,6f; vgl. 14,27f und auch Mt 28,16–20). So dient die Auferstehung Jesu und deren Gedenken am ersten Tag der Woche grundlegend der Sammlung und Sendung des Volkes Gottes.
Die jüngeren Evangelisten ergänzen den ursprünglichen Schluß des Markusevangeliums (16,1–8) aus der ihnen verfügbaren Tradition um Erscheinungserzählungen des Auferstandenen, die sie zeitlich überwiegend auf den ersten Wochentag ansetzen.
Damit bestätigen sie das Kerygma von der Auferweckung Jesu durch Gott am dritten Tag (1 Kor 15,3–5). In den berichteten Erscheinungen des Auferstandenen kommen die Beauftragung und Sendungsvollmacht des auferweckten Herrn in unterschiedlicher Weise zur Geltung (Mt 28,1–10; Lk 24,1ff; Joh 20,1–29; vgl. [Mk 16,9–20]). Zugleich geben sie zu erkennen, daß die endzeitliche Auferweckung und Vollmacht des Kyrios (Herrn) Jesus den Sinngehalt des ersten Tages der Woche nunmehr bestimmt, er ist zum Tag des Herrn (Offb 1,10; Did 14,1) geworden und wird dann den römisch-heidnischen Sonntag (dies solis) mit neuem Licht erfüllen. »Justin (Apol. I, 67,7) übernimmt zuerst den heidnischen Namen Sonntag ... und deutet ihn auf den Schöpfungsanfang (Überwindung der Finsternis) und die Auferstehung des Christus.«[5]

3. Zur Verhältnisbestimmung von Sabbat und Sonntag

Im Neuen Testament findet sich meines Erachtens keine grundsätzliche Ablehnung des Sabbats. Gerade die synoptische Jesusüberlieferung ist – bei aller Auseinandersetzung mit Gegnern aus pharisäischen Kreisen – von einer hohen Wertschätzung und Sinnbestimmung des Sabbats durch Jesus geprägt. Obwohl der Ablösungsprozeß der Kirche von der Synagoge sich schon im Neuen Testament auswirkt (vgl. im Zusammenhang mit dem Sabbat besonders Joh 9), wird eine polemische Abgrenzung vom jüdischen Sabbat erst außerhalb des Neuen Testaments greifbar (vgl. IgnMagn 8–10; Barn 15). Nach einer langen Zeit der Abgrenzung und Polemik des Christentums gegenüber dem Judentum mit katastrophalen Folgen ist es uns aufgegeben, aus biblischem Geist nach einem neuen und ursprünglichen Verhältnis zueinander zu suchen. In dieser Lage sind besonders die einander ergänzenden Aspekte von Sabbat und Sonntag zu betonen. Der alttestamentlich-jüdische Sabbat zeichnet sich als Tag der

Arbeitsruhe, des Gedenkens an Gottes Schöpfung und deren Vollendung in seiner Ruhe und des Gedenkens an die Befreiung des Volkes Gottes von der Knechtschaft Ägyptens aus. Dieser Gehalt bleibt auch dem christlichen Gedächtnis weiter aufgegeben und ist in theologischer Reflexion neu zu vertiefen. Der Sabbat wird durch den Sonntag als Gedächtnistag der Auferweckung Jesu und der mit ihm anhebenden neuen Schöpfung durch Gott nicht verdrängt, sondern um den Aspekt der Neuschöpfung und Vollendung erweitert.

Gerade unserer Zeit einer maßlosen Ausbeutung und Zerstörung der Natur ist es aufgegeben, sich auf diese als Vorgabe des Schöpfers neu zu besinnen und sie im dankbaren Gedenken als Gottes Geschenk und Maßgabe anzunehmen. Gegenüber einer gesellschaftlichen Entwicklung, die alles unter dem Aspekt wirtschaftlicher Effizienz und Leistungssteigerung bemißt, ist es Juden und Christen gemeinsam aufgegeben, Sabbat und Sonntag möglichst umfassend von Erwerbsarbeit freizuhalten, um so einen Raum des Gedenkens an Gottes Schöpfung und Neuschöpfung zu sichern. Wenn Juden und Christen sich gemeinsam für dieses hohe biblische Gut einsetzen, dann erweisen sie auch allen Nichtglaubenden einen großen Dienst, weil sie so Tage der Beziehung und Kommunikation unter den Menschen überhaupt ermöglichen und dem Wahn grenzenloser wirtschaftlicher Produktion entgegentreten. Freilich gilt es gerade für Christen, den Sinn von Sabbat und Sonntag und ihrer gottesdienstlichen Feier neu zu entdecken und für eine Lebensorientierung aus biblischen Quellen fruchtbar zu machen.

B. Pascha und Ostern

1. Das Pascha im Neuen Testament

1.1 Zum jüdischen Paschafest im 1. Jahrhundert

Das Paschafest hatte im 1. Jahrhundert bis zur Zerstörung des Tempels 70 n. Chr. in Verbindung mit Tempel und Haus eine zweifache Gestalt. Zunächst war die Schlachtung des Lammes an den Tempel gebunden. Am Nachmittag des 14. Tages des ersten Monats (Nisan, d.h. etwa März/ April) mußten die Tiere im Tempel geopfert werden. Dabei schlachteten die Israeliten die Tiere selbst, was auch als Ausdruck ihrer priesterlichen Würde verstanden wurde (vgl. Philo SpecLeg II 145f). Die Priester sammelten das Blut der Tiere in Schalen und reichten es weiter bis zum Altar, wo es an den Fuß des Altares geschüttet wurde.

Das Paschalamm wurde anschließend gebraten und in der Regel in Gruppen von gut zehn Teilnehmern in einer Feier im häuslichen Rahmen gegessen. Diese Feier begann nach Sonnenuntergang, damit nach jüdischem Zeitverständnis am 15. Nisan, und dauerte längere Zeit bis tief in die Nacht des Paschafesttages. Sie wurde vom Mahl des Paschalammes geprägt, das aber in einen liturgischen Rahmen eingebettet war.

Folgende Elemente bestimmten nach dem Mischna-Traktat Pesachim (Kap. 10) die häusliche Paschafeier: Beim Paschamahl wurden insgesamt vier Becher Wein getrunken. Am Anfang wurde eine Vorspeise mit Kräutern und Fruchtmus eingenommen. Zur Paschaliturgie gehörten das Erzählen der Geschichte des Auszugs aus Ägypten nach Dtn 26,5–11 und die Deutung der besonderen Mahlelemente (Paschalamm, ungesäuertes Brot, Bitterkräuter) im Licht des Exodus. Außerdem wurden die Psalmen 113–118 (sog. Hallel) in zwei Teilen rezitiert und Dankgebete gesprochen. Die ganze Paschafeier diente dem dankbaren Gedenken der Befreiung Israels aus der Knechtschaft Ägyptens. Alle Mahlteilnehmer sollten sich wie Glieder der Auszugsgeneration verstehen und die befreiende und rettende Tat Gottes an ihrem Volk erneut erfahren. Die Feier blickte so auf die vergangene Heilstat Gottes zurück und vergegenwärtigte sie im liturgischen Gedenken. Sie blickte überdies auch voraus auf die zukünftige Erlösung, welche Gott dem Volk noch gewähren werde.

An die Paschafeier des 15. Nisan schloß sich die siebentägige Feier des Festes der ungesäuerten Brote (Mazzot) an; es bildete mit dem Paschafest bereits im 1. Jahrhundert eine Einheit, so daß die Bezeichnung beider Feste austauschbar wurde (Pascha, Mazzot). Das Pascha-Mazzotfest war das erste der drei Wallfahrtsfeste des Jahres, an ihm sind Zehntausende aus Palästina und der Diaspora nach Jerusalem zum Tempel gegangen und haben an den Feiern teilgenommen.[6]

1.2 Ist der Todestag Jesu der 14. oder 15. Nisan?

Nach allen Evangelien stirbt Jesus an einem Freitag; der Wochentag stimmt überein, aber das Monatsdatum unterscheidet sich um einen Tag. Nach den synoptischen Evangelien hält Jesus mit seinen Jüngern das Paschamahl in der Nacht des 15. Nisan und stirbt am Freitag, also dem (ersten) Paschafeiertag. Nach dem Johannesevangelium aber stirbt Jesus bereits zur Zeit der Schlachtung der Paschalämmer am Nachmittag des 14. Nisan, also unmittelbar vor dem Paschafesttag, und Jesu Abschiedsmahl wird auch nicht als Paschamahl bezeichnet. Wie ist diese Differenz der Evangelien zu verstehen und wie ist sie allenfalls lösbar?

Nach dem gegenwärtigen Forschungsstand ist die Differenz der Todesdaten (14./15. Nisan) nach der großen Mehrheit der Fachleute nicht zu einem Ausgleich zu bringen. Die Hypothese von Annie Jaubert, die Eugen Ruckstuhl bald aufgenommen und bis zu seinem Tod vertreten hat[7], fand nur wenig Zustimmung. Nach dieser Annahme erklärte sich die Differenz des Monatsdatums aufgrund der Orientierung an verschiedenen Kalendern: Die Angaben zum Paschamahl nach den Synoptikern orientierten sich am Sonnenkalender der Essener von 364 Tagen, nach dem das Paschamahl immer auf einen Dienstagabend fiel und das Pascha-Mazzotfest von den Wochentagen her somit unbeweglich war. Die Angaben des Johannesevangeliums dagegen orientierten sich am offiziellen Mondkalender von 354 Tagen, an den sich auch die sadduzäische Tempelpriesterschaft hielt. Nach diesem Kalender war das Paschafest beweglich und fiel auf den 15. Tag nach dem Frühlingsneumond, in diesem Jahr auf einen Freitagabend/Samstag. Bei der Zugrundelegung dieser beiden Kalender könnte Jesus das Paschamahl mit seinen Jüngern am Dienstagabend begangen haben und am Freitagnachmittag am Kreuz unmittelbar vor Beginn des Paschafestes nach dem offiziellen Datum gestorben sein (Freitagabend/Samstag = Paschafesttag). Gegen diese Ausgleichshypothese werden indessen von vielen Fachleuten starke Bedenken erhoben[8], so daß sie vor neuen Funden und Argumenten gegenwärtig kaum auf breitere Zustimmung hoffen kann.

Nach der großen Mehrheit der Fachleute sind die unterschiedlichen Angaben zwischen den Synoptikern und dem Johannesevangelium über das Todesdatum nur in der Entscheidung für ein Datum von beiden und gegen das andere verständlich zu machen. Dabei sind die Fachleute unversöhnlich in zwei Fraktionen gespalten. Die einen gehen davon aus, daß das letzte Mahl Jesu ein Paschamahl war und im Johannesevangelium das Todesdatum aus theologischen Gründen auf den Vortag des 14. Nisan verschoben wurde; sie favorisieren in historischer Hinsicht also die synoptische Chronologie. Die anderen datieren den Todestag Jesu historisch auf den 14. Nisan und rechnen mit theologischen Gründen für die Darstellung des letzten Mahles Jesu als Paschamahl; sie favorisieren also in historischer Hinsicht die johanneische Chronologie.

Beide Hypothesen werden mit beachtlichen Argumenten begründet; eine Entscheidung für die eine und gegen die andere gleicht einer Güterabwägung, die kaum zu verantworten ist. Vielleicht ist dies auch ein Hinweis, daß sich die Jaubert/Ruckstuhl-Hypothese gerade aufgrund der guten Argumente auf beiden Seiten doch empfehlen könnte.
Möglicherweise ist diese historische Streitfrage um das Todesdatum Jesu nicht mit angemessener Sicherheit zu lösen. Aber dies ist für die viel entscheidendere theologische Wertung der synoptischen und johanneischen Angaben über das Todespascha Jesu letztlich auch nicht von ausschlaggebender Bedeutung, da die theologische Sinngebung beider Typen ziemlich deutlich ist und sie sich durchaus ergänzen. Deshalb soll nun ganz kurz die synoptische und johanneische Wertung des Todespascha Jesu dargestellt und auch auf wenige einschlägige Angaben der Briefliteratur verwiesen werden.

1.3 Das letzte Mahl Jesu als Paschamahl nach den Synoptikern

Bei den Synoptikern ist nur am Beginn der Passionsgeschichte und im Abschnitt von der Vorbereitung des Abendmahlraumes ausdrücklich vom Pascha die Rede (Mk 14,1.12[2mal].14.16 par). Mk 14,1f hebt hervor, daß das Paschafest und das Fest der ungesäuerten Brote zeitlich nahe ist (nach zwei Tagen, d.h. wohl am nächsten Tag), daß seine Gegner Jesus nach dem Leben trachten, ihnen das Fest aber wegen eines möglichen Aufruhrs des Volkes hinderlich erscheint. In der Perikope Mk 14,12–16 fällt der Ausdruck Pascha viermal. Zwei Jesusjünger sollen einen Raum in der Stadt Jerusalem für das Paschamahl Jesu mit seinen Jüngern vorbereiten, was sie auch tun. Das unmittelbar darauf geschilderte letzte Mahl Jesu mit den Zwölfen (Mk 14,17–25) wird also mit aller Deutlichkeit als Paschamahl vorgestellt, auch wenn in diesem Teil nicht mehr ausdrücklich davon gesprochen wird. Indirekt lassen sich aber auch hier die folgenden Elemente leicht oder am besten auf dem Hintergrund eines Paschamahles verstehen: Die Abendzeit und die Zahl der Mahlteilnehmer (V.17), eine Schüssel für die Vorspeise (V.20), danach das Mahl mit der Darreichung von Brot und Wein mit Deuteworten (V.22–25) und das Singen eines Lobgesangs (d.h. zweiter Teil des Hallels) am Ende der Feier (V.26).
Im Lukasevangelium wird über das Markusevangelium hinaus durch Lk 22,15–18 auch zu Beginn des letzten Mahles durch das eröffnende Wort Jesu hervorgehoben, daß es sich um ein Paschamahl handelt: »Mit Sehnsucht habe ich danach verlangt, dieses Pascha mit euch zu essen, bevor ich leide« (Lk 22,15). Lk 22,15–18 nimmt bei aller lukanischen Überformung wohl insgesamt Tradition auf und belegt so, daß auch im Lukas-Sondergut das letzte Mahl Jesu als Paschamahl verstanden wurde.
Das letzte Mahl Jesu wird also synoptisch deutlich als Paschamahl verstanden. In dieser Sicht hat Jesus den Jüngern Brot und Wein unter deutenden Worten so dargereicht, daß sie im Essen und Trinken mit dem ver-

eint wurden, der sich ihnen in seiner stellvertretenden Todeshingabe als Leben und Heil schenkt. Das feierliche Gedenken an den Exodus und an die von Gott gewirkte Freiheit aus der Knechtschaft, das den Bund Gottes mit seinem Volk vergegenwärtigt, wird in der Gabe Jesu im Blick auf seine Todeshingabe so vollendet, daß die Mahlteilnehmer Vergebung der Schuld erfahren (vgl. ausdrücklich Mt 26,28) und in den endzeitlichen Bund mit Gott gestellt werden. Das befreiende und Leben schaffende Handeln Gottes im Exodus wird so durch die christologische Sinngebung verlängert und im Blick auf Ostern und die Vollendung des Reiches Gottes in der Neuschöpfung zum Ziel geführt. Der Pascharahmen aber macht deutlich, daß diese Feier den Jesusjüngern und Jüngerinnen bleibend aufgegeben ist und sie in ihr unlöslich mit Israel verbunden sind. Der endzeitliche Bund Gottes in Jesu Tod und Auferstehung läßt sich nur im Anschluß an den Bund Gottes mit Israel angemessen verstehen und feiern.

1.4 Das Todespascha Jesu nach dem Johannesevangelium

Das Johannesevangelium spricht am häufigsten vom Pascha, insgesamt zehnmal. Davon beziehen sich sieben Stellen auf das Todespascha Jesu: 11,55 erwähnt die Nähe des Paschafestes. Viele ziehen schon vor dem Fest nach Jerusalem hinauf, um sich zu heiligen. Auch Jesus kommt schon sechs Tage vor dem Paschafest nach Betanien (12,1), wo ihm bei Lazarus ein Mahl bereitet wird und Maria ihn vorweg im Blick auf sein Begräbnis salbt (12,1f.3–8). Vielleicht darf man diese Stelle im Blick auf das ganze Johannesevangelium auch im Licht von Ex 12,3 verstehen, wonach das Paschalamm am zehnten Tag des ersten Monats ausgewählt werden soll. Nach 13,1 feiert Jesus das Abschiedsmahl vor dem Paschafest; nach 18,28 betreten die Hohenpriester das Prätorium des Pilatus nicht, um nicht unrein zu werden, sondern das Paschamahl essen zu können. 18,39 bietet Pilatus den versammelten Juden Jesus zur Freilassung auf das Paschafest hin an. 19,14 unternimmt Pilatus am Rüsttag des Paschafestes etwa um die sechste Stunde (d.h. Mittag) einen letzten Versuch, Jesus frei zu bekommen; nach dessen Scheitern übergibt er Jesus zur Kreuzigung (19,16a).
Die Angaben ab 18,28 machen also ganz deutlich, daß Jesus nach dem Johannesevangelium am Tag vor dem Paschafest stirbt. Sie heben aber den theologischen Sinn dieser zeitlichen Ansetzung nicht direkt hervor, er muß im Johannesevangelium vielmehr aus anderen Angaben erschlossen werden. Aufgrund der Aussage 19,14a (Mittag des Paschavortags) stirbt Jesus nach dem Zusammenhang am Nachmittag, an dem die Paschalämmer im Tempelvorhof geschlachtet werden (vgl. 19,16b–30). Außerdem stellt der folgende Abschnitt heraus, daß die Soldaten nur den Mitgekreuzigten, nicht aber Jesus die Beine zerbrachen, weil Jesus schon gestorben war (19,31–37). 19,36 erklärt, daß dies geschehen sei, damit sich die Schriftstelle erfüllte: »Sein Gebein wird nicht zerbrochen werden«. Die Aussage kann sich auf den leidenden Gerechten (Ps 34,21) und auf das

Paschalamm beziehen (Ex 12,46; Num 9,12). Vielleicht läßt sich auch beides miteinander vereinbaren: Jesus stirbt als leidender Gerechter wie ein Paschalamm und zur Zeit ihrer Schlachtung. Da er schon vom Täufer am Beginn des Johannesevangeliums als »Lamm Gottes, das die Sünde der Welt hinwegnimmt« (1,29; vgl. V.36) bezeichnet wurde, wird man ihn als eschatologisches Lamm Gottes im Licht des Knechtes Gottes sehen dürfen (vgl. Jes 53,7), das die Sünde der vielen stellvertretend auf sich nimmt und beseitigt (vgl. Jes 52,13–53,12).
Insgesamt ist für das Johannesevangelium beachtenswert, daß die Datierung des Todes Jesu auf den Nachmittag des Paschavortags deutlicher ausfällt als die theologische Explikation. Letztere muß stärker indirekt und durch Kombination erschlossen werden. Vielleicht ist diese Beobachtung als Hinweis zu werten, daß die johanneische Chronologie älter und ursprünglicher ist als die entsprechende Theologie. Gewiß hat der Verfasser des Johannesevangeliums die theologische Explikation nicht unabhängig von anderen Einflüssen erschlossen, sie liegt analog und deutlicher bereits bei Paulus vor (1 Kor 5,7).

1.5 Das Pascha in der Briefliteratur

Nur kurz noch drei Hinweise auf die Briefliteratur:
1 Kor 5,6–8 kommt Paulus im übertragenen Sinn auf die Festpraxis von Pascha-Mazzot zu sprechen. Er erwähnt den Sauerteig und die ungesäuerten Brote und spricht von Christus als Paschalamm. Letzteres ist in den Paulusbriefen singulär und weist wohl darauf hin, daß Paulus den Brief in zeitlicher Nähe zum Paschafest geschrieben (vgl. 16,8) und daß er die Aussage »denn Christus, unser Paschalamm, wurde geschlachtet« (*V.7*) aus Tradition aufgenommen hat. Die Aussage hebt wohl hervor, daß der Tod Christi am Kreuz von judenchristlichen Kreisen im Licht des sündetilgenden Opfers der Paschalämmer gesehen und als endzeitliche Erfüllung dieser Opfer verstanden wurde. Im Licht der jüdisch/judenchristlichen Praxis rund um das Paschafest fordert Paulus von den Adressaten, den Sauerteig der Schlechtigkeit und Bosheit zu entfernen und das Fest in Lauterkeit und Wahrheit zu begehen. Paulus reflektiert die theologische Aussage über Christus als Paschalamm nicht weiter, sondern nutzt sie im »Dienst der Ethik«[9].
Auch *1 Petr 1,13–21* wird das ethische Verhalten der Glaubenden mit Motiven der Paschafeier motiviert. In geistiger Bereitschaft für die endzeitliche Offenbarung Jesu Christi sollen die Adressaten die Hüften gürten (V.13; vgl. Ex 12,11) und in Ehrfurcht die Zeit in der Fremde unterwegs sein (V.17) im Bewußtsein, »durch das kostbare Blut Christi als eines fehllosen und unbefleckten Lammes« (V.19; vgl. Ex 12,5) erlöst worden zu sein. Gerade die letzte Aussage dürfte auf das Paschalamm anspielen, dessen Tod von Rabbinen als Opfersühne verstanden wurde, welche die Erlösung aus Ägypten ermöglichte[10]. Damit wird auch hier inhaltlich die

Aussage über Christus als Paschalamm aufgenommen (1 Kor 5,7), die auch hinter Joh 1,29.36 stehen wird. V.21 betont weiter die Auferweckung Christi durch Gott; der ganze Abschnitt V.13–21 will zugleich die Hoffnung auf das endzeitliche Kommen Christi bestärken (V.13.21).
In *Hebr 11* wird in einer langen Aufzählung von Glaubenszeugen Israels auch Mose erwähnt, auf den das erste Pascha in Ägypten zurückgeführt wird (*V.28*). Es wird auch hier im Zusammenhang mit der Befreiung aus Ägypten gesehen (V.29) und als Ausdruck des Glaubens gewertet, welcher der christlichen Gemeinde als vorbildlich vor Augen gestellt wird (vgl. 12,1).
Am Schluß dieses Teils möchte ich bei allen Aspektverschiedenheiten auf eine theologische Konvergenz zwischen der johanneischen und synoptischen Sicht des Pascha hinweisen. Nach 1 Kor 5,7 wird Jesu Tod ausdrücklich als Schlachtung des endzeitlichen Paschalammes gesehen. Dies ist auch die implizite Sicht des Johannesevangeliums, nach dem Jesus zur Zeit der Schlachtung der Paschalämmer stirbt und er als Lamm Gottes, das die Sünde der Welt hinwegnimmt, bezeichnet wird. Nach den Synoptikern hält Jesus sein letztes Mahl als Paschamahl, und er gibt sich selbst in Brot und Wein im Blick auf sein stellvertretendes Leiden und Sterben. Dabei wird das Essen des Paschalammes nirgends erwähnt, Jesus reicht vielmehr Brot und Wein, wodurch die Mahlteilnehmer mit ihm als dem endzeitlichen Paschalamm verbunden werden, welches für die Sünde der vielen stirbt.

2. Ostern im Neuen Testament[11]

Zum Grunddatum von Ostern gehört das Bekenntnis, daß Gott Jesus von den Toten auferweckt hat. Die älteste Gestalt dieses Bekenntnisses liegt wohl in eingliedrigen Bekenntnisformeln vor, die in der Briefliteratur in verschiedenen Formen breit belegt sind (1 Kor 6,14; 2 Kor 4,14; Gal 1,1; Röm 4,24; Kol 2,12 u.a.). Dies bezeugt, daß die Auferweckung des gekreuzigten Jesus von Anfang an zum Zentrum kerygmatischer Aussagen des Neuen Testaments gehört. Die Glaubensaussage von der Auferweckung Jesu durch Gott wurde aber auch weiter bedacht und stärker christologisch gefaßt, so beispielsweise in der mehrgliedrigen Formel von 1 Kor 15,3–5, die von Paulus als Tradition übernommen wurde und weit vor die Entstehung des 1. Korintherbriefes zurückgeht.
Das neutestamentliche Bekenntnis zur Auferweckung Jesu durch Gott kann hier nicht weiter verfolgt werden, auf erste Ansätze einer Sonntagsfeier im Neuen Testament wurde bereits bei A. verwiesen. Aber damit sind wir noch nicht beim Osterfest, das alljährlich begangen wird.
Über Entstehung und Inhalt des Osterfestes gehen die Meinungen der Fachleute erneut auseinander. Die einen verstehen Ostern gleichsam als alljährliche große Sonntagsfeier nach dem Frühlingsvollmond; nach ihnen

hat sich das Osterfest aus dem Sonntag entwickelt und sein Inhalt ist primär das Gedenken der Auferstehung Jesu. Nach anderen ist Ostern aus judenchristlichen Paschafeiern entstanden, die alljährlich am 14. oder 15. Nisan nach dem jüdischen Kalender begangen wurden.

Judenchristen haben wichtige Elemente der jüdischen Paschafeier übernommen, Christus als ihr Paschalamm verehrt und sein endzeitliches Kommen erwartet. Zentral war auch die Feier der Eucharistie in Entsprechung zum letzten Mahl Jesu als Paschamahl nach den Synoptikern.

Gute Gründe sprechen dafür, daß sich das christliche Osterfest aus judenchristlichen Paschafeiern entwickelt hat: Der Name des Festes (Pascha) wurde im Lateinischen übernommen und lebt in romanischen Sprachen weiter (italienisch pasqua, französisch pâque, spanisch pascua). Das bewegliche Datum von Ostern steht in Beziehung zum jüdischen Paschafest. Die Nachtfeier (vgl. Ex 12,42) mit ihren biblischen Bezugstexten und ihrer theologischen Struktur ist durch die jüdisch-judenchristliche Paschafeier mitbestimmt. Inhaltlich ist das christliche Osterfest mit dem Gedenken der Befreiung Israels aus Not und Knechtschaft verbunden und auf das heilbringende Leiden und Sterben Jesu und dessen Errettung aus dem Tod durch Gott bezogen. Die ursprüngliche Einheit des christlichen Heilsgeschehens vor aller Ausfaltung in verschiedene Akte wird erkennbar, und seine Verankerung in der Heilsgeschichte Israels wird sichtbar. Der eine und selbe Gott hat befreiende Wundertaten an seinem Volk und dessen Messias Jesus gewirkt und den Glaubenden Freiheit und Leben geschenkt.

Diese ursprüngliche Einheit von Pascha und Ostern und die damit verbundene Ausrichtung des Gedenkens der Passion und der Auferweckung Christi wurde im 2. Jahrhundert durch die zunehmende Tendenz zur Ansetzung der Osterfeier an einem Sonntag abgeschwächt. Die Polarität von Passion und Auferstehung Jesu wurde tendenziell aufgelöst und zuungunsten des ersten Pols auf den zweiten Brennpunkt der Auferstehung verschoben. Der Osterfeststreit im 2. Jahrhundert und eine zunehmende Historisierung im 4. Jahrhundert, welche die einzelnen Mysterien in ihrer Abfolge hervorhob, haben dazu geführt, daß das an einem Sonntag im Frühling begangene Osterfest seit dem Ende des 4. Jahrhunderts zum Fest der Auferstehung wurde.

3. Pascha und Ostern

Vom Ursprung des Osterfestes her bestehen zwischen Pascha und Ostern wahrscheinlich vielfältige Bezüge, und das konzentrierte theologische Gedenken an den heilbringenden Tod und die Auferstehung Jesu hat gerade auch Impulse aus der heilsgeschichtlichen Dimension der jüdischen Paschafeier empfangen. Wenn hier eine Kontinuität vom jüdischen Pascha zum christlichen Osterfest betont wird, dann soll der eigenständige Sinn

und Gehalt des jüdischen Paschafestes in keiner Weise geschmälert und auch die christologische Differenz des Osterfestes nicht eingeebnet werden.
Für die christliche Osterfeier aber ist es von großer Bedeutung, daß sie das alttestamentliche Heilshandeln Gottes im befreienden Exodus aufnehmen und im dankbaren Gedenken preisen darf. Im Licht dieses Geschehens wird das endzeitliche Handeln Gottes an Jesus, den Gott vom Tod errettet und auferweckt hat und an dessen Heil die Glaubenden Anteil empfangen, in der langen Geschichte Gottes mit seinem Volk verankert. Gott handelt in dem Geschehen von Passion und Auferstehung Jesu erneut als Retter. Die Befreiung aus der Knechtschaft Ägyptens wird in der Erlösung von Sünde und im Sieg über den Tod im auferstandenen Christus vollendet, an dem auch die Glaubenden teilnehmen. Sie werden aus der Knechtschaft von Sünde und Tod befreit und leben in der Freiheit der Kinder Gottes.
Die einheitliche, heilsgeschichtliche und dynamische Sicht von Ostern ist im jüdischen Paschafest verwurzelt und gegenüber der späteren historisierenden und aufgliedernden Konzeption des Festes zu bevorzugen. Die liturgischen und pastoralen Erneuerungen im 20. Jahrhundert haben die ursprüngliche Sicht von Ostern als umfassendem Fest der Erlösung wieder zurückgewonnen. Sie wird in der erneuerten Feier der Osternacht besonders greifbar, der Nacht des Übergangs Christi vom Tod zum Leben, »in der die Kirche in der Hoffnung wacht, diesen Übergang ihrerseits von neuem zu erleben«[12] und noch in Vollendung zu erfahren.

C. Feste und Festimpulse nach dem lukanischen Doppelwerk

Das Lukasevangelium und die Apostelgeschichte haben nicht unwesentlich zur Entstehung von späteren kirchlichen Festen beigetragen. Die Feste Himmelfahrt Christi, Pfingsten und Weihnachten haben ihre biblischen Impulse wesentlich aus dem Lukasevangelium und der Apostelgeschichte (exklusive Weihnachten) bekommen, was die biblischen Gottesdiensttexte bis heute belegen. Außerdem ist noch auf die Verkündigung an Maria, die Beschneidung Jesu, die Darstellung Jesu im Tempel und den Tempelaufenthalt des zwölfjährigen Jesus im Zusammenhang eines Paschafestes in Jerusalem zu verweisen. Ich behandle zunächst die Feste Himmelfahrt und Pfingsten, die direkter mit Pascha/Ostern zusammenhängen, dann das Weihnachtsfest und am Schluß die übrigen Feiern, die sich auf die beiden Anfangskapitel des Lukasevangeliums beziehen.

1. Die Himmelfahrt/Entrückung Jesu

1.1 Die Erhöhung/Entrückung Jesu

Das Bekenntnis der Auferweckung Jesu durch Gott ist in neutestamentlichen Schriften mehrfach direkt oder indirekt mit der Aussage der Erhöhung Jesu und seiner Einsetzung zur Rechten Gottes in die Machtstellung des Kyrios (d.h. Herr) verbunden, der an der Vollmacht Gottes teilhat (Phil 2,9–11; 1 Kor 12,3; Röm 1,3f; 10,9; Eph 4,8–10; 1 Tim 3,16; 1 Petr 1,21; 3,18–22; Apg 2,36; 5,30f). Diese Aussage kann als konsequent verlängertes und entfaltetes Osterbekenntnis verstanden werden, welches die christologische Dimension des Ostergeschehens deutlich macht. Wie die Auferstehung Jesu nach dem Neuen Testament von niemandem gesehen wurde – das Auferstehungsbekenntnis der Jünger und Jüngerinnen geht vielmehr auf Erscheinungserfahrungen zurück –, so hat auch die Erhöhung und Einsetzung Jesu zum Herrn keine irdischen Zeugen. Sie ist als geistliche Wirklichkeit des Himmels den irdischen Blicken entzogen und allein durch ihre Heilswirkungen an den Glaubenden erfahrbar. Nur zwei Stellen im lukanischen Doppelwerk erzählen kurz von einer Entrückung Jesu mit dem Ziel der himmlischen Welt, welche von den Erscheinungszeugen gleichsam in ihrem Anfangsstadium gesehen wurde (Lk 24,50–53; Apg 1,9–11; vgl. noch [Mk 16,19f]). Nach diesen beiden Stellen haben die Apostel noch den Beginn der Erhöhung Jesu als Kyrios zur Rechten Gottes erfahren, und dies ist das letzte und abschließende Element des Wirkens Jesu, für das sie als Augenzeugen eintreten können (Apg 1,10f.21f).

Obwohl die Vorstellung einer Entrückung Jesu in sichtbarer Weise im Neuen Testament nicht weiter belegt ist, ist schwerlich davon auszugehen, daß sie erst vom Verfasser des lukanischen Doppelwerks geschaffen wurde. Eher ist aufgrund der Unterschiede der Entrückungsszenen am Ende des Lukasevangeliums und am Beginn der Apostelgeschichte zu vermuten, daß der Verfasser die Szenen aufgrund verschiedener Überlieferungen gestaltet hat. Diese Überlieferungsträger werden ihre Szenen aber kaum aufgrund historischer Erfahrung gebildet haben, eher haben sie den Abschluß der Erscheinungen Jesu durch eine Erzählung von der Entrückung Jesu gekrönt, um auf diese Weise das zentrale Bekenntnis zur Auferweckung und Erhöhung Jesu auch noch ein Stück weit erzählerisch umzusetzen. Vorstellungsmäßig konnten sich die judenchristlichen Erzähler an den alttestamentlichen Vorbildern der Entrückung Henochs (Gen 5,24) und besonders Elijas (2 Kön 2,1–18) orientieren.

1.2 Die Entrückung Jesu nach Lk 24,50–52

Im Lukasevangelium beschließt die kurze Szene der Entrückung Jesu die relativ breit erzählte Erscheinung Jesu vor den Jüngern in Jerusalem am Ostertag (24,36–49) und zugleich wirkungsvoll die gesamte Evangelienschrift. Jesus führt die Jünger aus Jerusalem hinaus bis in die Nähe Betaniens, er erhebt seine Hände, segnet sie, trennt sich segnend von ihnen und wird in den Himmel emporgehoben. Die Jünger huldigen Jesus niederfallend, kehren in großer Freude nach Jerusalem zurück, sind dann immer im Tempel und preisen Gott.

Die Erzählung hebt besonders den Segen des scheidenden Jesus hervor, die Verehrung der Jünger, ihre Freude und den Lobpreis Gottes. Jesus segnet die Seinen wie der Priester im Tempel. Im Segen gibt er ihnen Anteil an der heilvollen Lebenskraft seines gesamten irdischen Wirkens, das nun endgültig zum Abschluß kommt. Die Trennung von den Jüngern führt Jesus in den göttlichen Bereich des Himmels, von wo er auf neue Weise Segen vermittelnd wirken wird. Die Jünger huldigen dem in die himmlische Welt scheidenden Jesus und preisen in großer Freude Gott, der durch Jesus heilsam an seinem Volk gewirkt hat und ihm bleibend beisteht.

Das Lukasevangelium endet durch diese Szene im Tempel, wo es auch begonnen hat. Dort wurde der priesterliche Segen durch eine Engelserscheinung vor Zacharias verzögert und infolge seiner Stummheit ohne Segensworte (Num 6,22–27) vermittelt (Lk 1,8–23; vgl. V.22). Hier bringen die Jünger den Segen des scheidenden Jesus mit in den Tempel und preisen Gott am Ort seiner besonderen Gegenwart in Israel für alles, was er durch Jesus an seinem Volk getan hat.

Rückblickend ist noch hervorzuheben, daß die Abschlußszene Lk 24, 50–53 zentrale Themen des dritten Evangeliums aufnimmt, so das Verhältnis Jesu zu seinen Jüngern, Jerusalem und der Tempel, die Freude und der Lobpreis Gottes. So sind in der Schlußszene wichtige Leitlinien der

Schrift wie in einem Brennpunkt verdichtet und Erde und Himmel im Segen des scheidenden Jesus miteinander verbunden.

1.3 Die Entrückung Jesu nach Apg 1,9–11

Auch die Szene von der Entrückung Jesu kurz nach Beginn des zweiten Buches (Apg 1,9–11) schließt an eine Erscheinungserzählung mit letzten Weisungen Jesu an (1,4–8). Jesus wird vor den Augen der Apostel emporgehoben, eine Wolke nimmt ihn auf und entzieht ihn ihren Blicken. Während die Jünger gebannt zum Himmel schauen, gesellen sich zu ihnen zwei himmlische Boten, die sie ansprechen, die Fixierung ihrer Blicke auf den Himmel tadeln und sie auf das endzeitliche Kommen Jesu vom Himmel verweisen.

In dieser Szene wird auffallend fünfmal vom Sehen der Apostel gesprochen. Ihr Sehen der Entrückung Jesu wird V.9 doppelt hervorgehoben und am Anfang von V.10 noch durch das lukanische Vorzugswort atenizō (gespannt hinsehen) verstärkt. Die Apostel werden so ganz im Sinne des lukanischen Doppelwerks als Augenzeugen herausgestellt; aber eine zu einseitige Fixierung auf den Blick zum Himmel wird von den beiden Engeln doch alsbald in V.11 korrigiert. Sie »sollen nicht untätig wartend oder über die Parusie und ihren Termin spekulierend zum Himmel schauen, sondern sich gemäß dem letzten Wort Jesu der Zeugenschaft für den Auferstandenen widmen«[13]. Von diesem Zeugendienst in Jerusalem und bis an das Ende der Erde hat der Auferstandene zuvor im letzten Wort gesprochen, und für diesen Auftrag werden sie auch bald mit der Kraft des Heiligen Geistes ausgerüstet (1,8). Lukas hat schon vorher am Schluß von V.2 in einem Wort auf die Entrückung Jesu verwiesen (vgl. analambanō, d.h. aufnehmen, in die Höhe nehmen), wobei diese als Endpunkt einer Erscheinungszeit von 40 Tagen gewertet wird (V.3).

Damit hat Lukas wohl aufgrund einer anderen Überlieferung die Zeitperspektive gegenüber der Sicht am Ende des Lukasevangeliums stark erweitert und auf die biblisch geprägte heilige Zeit von 40 Tagen ausgedehnt. Hiermit kann auf verschiedene alttestamentliche Texte angespielt werden, am ehesten wird an den 40–tägigen Aufenthalt des Mose auf dem Gottesberg erinnert (Ex 24,18), der dem Empfang der Offenbarung durch den Boten Gottes dienen und dessen Verkündigung vorbereiten und legitimieren soll. Zudem sind so Beginn (Lk 4,1f: Wüstenaufenthalt Jesu) und Ende der Zeit des Wirkens Jesu durch eine Spanne von 40 Tagen ausgezeichnet, in denen Jesus und seine Jünger auf ihren Dienst vorbereitet werden.

Außerdem ist zu bedenken, daß diese Zeit nach Ostern durch die Spanne von 40 Tagen als Erscheinungszeit des Auferstandenen vor den Jüngern ausgezeichnet wird. Nach Apg 1,3 hat sich Jesus nach seinem Leiden den Seinen in dieser Zeit vielfach als lebend bezeugt und sie über das Reich Gottes unterwiesen. Jesus hat ihnen nach Apg 1,8 (vgl. Lk 24,49) aber auch die Gabe des Heiligen Geistes verheißen, den sie nach Kap. 2 auch am 50. Tag, dem Wochenfest/Pfingsttag, empfangen haben. Gleichzeitig hebt die Predigt des Petrus, welche an das Pfingstgeschehen anschließt, hervor, daß der zur Rechten Gottes erhöhte Jesus den verheißenen Geist vom Vater empfangen und über seine Anhänger ausgegossen hat (Apg 2,33).

1.4 Auf dem Weg zum Fest Christi Himmelfahrt

Nach der Apostelgeschichte hat sich die Auferweckung Jesu also in der Entrückung am 40. Tag nach Ostern zu seiner Erhöhung an die Seite Gottes erfüllt. Zudem hat Jesus am 50. Tag seine Stellung in göttlicher Vollmacht dadurch erwiesen, daß er die Kraft des Geistes über die Seinen ausgegossen hat. So ist die Zeit nach Ostern durch die Zäsuren des 40. und 50. Tages strukturiert und christologisch, pneumatologisch und ekklesiologisch ausgezeichnet. Die Apostelgeschichte hat in dieser Weise in Anlehnung an das jüdische Pascha und Wochenfest (vgl. bei B.1.1 und C.2.1) und die mit ihnen verbundenen Oster- und Geisterfahrungen Grunddaten eines späteren christlichen Festkalenders vorgezeichnet. Was in der Sicht des Johannesevangeliums in einem Akt zusammengefaßt wird, nämlich Kreuzigung, Erhöhung und Geistgabe Jesu, wird im lukanischen Doppelwerk in aufeinanderfolgende Schritte entfaltet und so dem glaubenden Bedenken vorgestellt und begreifbar gemacht.
Da Tod, Auferstehung und Erhöhung Jesu im Neuen Testament und in der frühen Kirche in ihrer Einheit gesehen und gefeiert wurden (vgl. B.), beging die älteste Kirche die Himmelfahrt Jesu nicht als eigenes Fest. Das kirchliche Himmelfahrtsfest ist erst im 4. Jahrhundert bezeugt und gegen Ende des 5. Jahrhunderts allgemein verbreitet. Es konnte sich erst unter dem Einfluß einer theologischen und liturgischen Sicht entwickeln, welche stärker historisierend das ursprünglich einheitliche Osterkerygma entfaltete und die 50-tägige Freudenzeit von Ostern durch die Feste von Himmelfahrt am 40. und Pfingsten am 50. Tag nach Ostern in neuer Weise zur Geltung brachte.

2. Wochenfest/Pfingsten

2.1 Zum Wochenfest im Alten Testament und Frühjudentum

Das Wochenfest ist neben dem Paschafest das einzige jüdische Fest, das in den christlichen Festkalender aufgenommen wurde. Die Bezeichnung Pfingsten stammt aus dem hellenistischen Judentum, in welchem das Wochenfest griechisch als pentēkostē, d.h. (der) fünfzigste (Tag) benannt wurde, da es schon alttestamentlich am 50. Tag nach dem Paschafest gefeiert wurde (vgl. Lev 23,15f).
In alttestamentlicher Zeit war das Wochenfest ein Erntedankfest am Ende der Weizenernte. Dabei wurden im Tempel zwei aus neuem Weizenmehl

gebackene Brote als Speiseopfer und andere Opfer dargebracht. Mit dem Pascha- und Laubhüttenfest zusammen zählte das Wochenfest zu den drei Wallfahrtsfesten im Jahr.
Erst im Frühjudentum entwickelte sich in einzelnen Kreisen eine Erweiterung des ursprünglich agrarischen Festinhalts um einen heilsgeschichtlichen Aspekt. Bereits im 2. Jahrhundert v. Chr. wurde das Fest im Jubiläenbuch im Zusammenhang mit den vergangenen Bundessetzungen Gottes gesehen und als Fest des Bundesgedenkens und der Bundeserneuerung gefeiert (Jub 6,10f.17–22). Das Jub war auch in der Gemeinschaft von Qumran von großer Bedeutung; Aussagen in der Gemeinderegel lassen erkennen, daß in ihr jährlich ein Fest der Bundeserneuerung gehalten wurde (1 QS 1,8–2,19). Im Judentum insgesamt aber wurde das Wochenfest erst nach 70 n. Chr. zum Gedenktag der Gesetzgebung am Sinai, wobei Ex 19 als Festlesung diente.

2.2 Pfingstbericht und Rede des Petrus (Apg 2,1–13.14–41)

Im 2. Kap. der Apostelgeschichte liegt der einzige Bezugspunkt für das spätere christliche Pfingstfest im Neuen Testament vor. 2,1–4 erzählen zunächst von einem wunderbaren Geschehen am Pfingsttag. Als alle Jesusanhänger versammelt waren, entstand vom Himmel her ein Geräusch wie von einem heftigen Wind und erfüllte das ganze Haus, in dem sie saßen. Es erschienen ihnen Zungen wie von Feuer, die sich zerteilten und auf jede(n) einzelne(n) setzten (zu V.2f vgl. Ex 19,16.18f; Dtn 4,11f.36). So wurden alle mit heiligem Geist erfüllt und begannen, in anderen Sprachen zu reden.
Das Pfingstgeschehen (V.1) wird hier zunächst als hörbares und sichtbares Phänomen beschrieben, das aus dem himmlischen Bereich kommt und alle Anwesenden erfaßt (V.2f). Am Schluß wird es als Erfüllung aller mit heiligem Geist gedeutet, was im Reden in anderen Sprachen zum Ausdruck kommt (V.4).
Die folgenden V.5–13 erzählen, wie in Jerusalem wohnende Juden aus vielen Völkern dieses Geschehen wahrnehmen und darauf reagieren. Sie hören jenes Geräusch, kommen zusammen und sind verwirrt, weil ein jeder die Jünger in seiner eigenen Sprache reden und Gottes große Taten verkünden hört. Sie sind fassungs- und ratlos über das Geschehen und fragen nach dessen Bedeutung, andere aber spotten auch darüber.
Dieser Teil hebt hervor, daß das Pfingstgeschehen den Juden aus aller Welt gilt, ihnen verkünden die Jesusanhänger die großen Machttaten Gottes. Sein Geist ermöglicht ihre Verkündigung, und diese wird so verstanden, daß die Grenzen sprachlicher Kommunikation überwunden und alle unmittelbar betroffen werden.
In einer langen Rede nimmt Petrus anschließend die Reaktion der Juden auf, deutet das Pfingstgeschehen, verkündigt den Tod, die Auferweckung und die Erhöhung Jesu Christi und ruft die Adressaten zu Umkehr und Taufe (2,14–41).

Hier kann nur auf zwei für uns wichtige Aussagen der Petrusrede verwiesen werden. Petrus deutet das Pfingstgeschehen zunächst als Erfüllung der Verheißung des Propheten Joël, wonach Gott in den letzten Tagen seinen Geist über alles Fleisch ausgießen werde, über Söhne und Töchter, Junge und Alte, Knechte und Mägde, die alle zu prophetischer Rede befähigt werden (vgl. das breite Zitat aus Joël 3,1–5 in Apg 2,17–21).
Später führt Petrus das Pfingstgeschehen direkt auf den durch die Auferstehung zur Rechten Gottes erhöhten Jesus zurück, der die Verheißung des Heiligen Geistes von Gott empfangen und ihn auf seine Anhängerschaft ausgegossen hat (2,32f). Im Pfingstgeschehen erfüllt sich also die endzeitliche Verheißung des Propheten Joël von der Geistbegabung aller im Volk Gottes, und dies wird durch die Erhöhung Jesu zum Herrn zur Rechten Gottes ermöglicht, der nun an Gottes Herrschaft teilnimmt und so den Seinen die Gabe des Geistes Gottes sendet.
Über den historischen Hintergrund des Pfingstberichtes gehen die Meinungen der Fachleute auseinander. Am ehesten ist zu vermuten, daß die Jesusanhänger sich am ersten Wochenfest nach dem Todespascha Jesu in Jerusalem versammelt und dabei die Wirkung des Geistes Gottes erfahren haben. Der Geist dürfte sich in ekstatischen Phänomenen ausgewirkt (Zungenrede) und die Jesusjünger und Jüngerinnen zum Zeugnis in Jerusalem ermutigt haben. Petrus wird in dieser Situation eine erste öffentliche Rede vor vielen Juden gehalten haben, aus der wohl auch einzelne Elemente in die vorliegende Rede Apg 2 eingegangen sind, die im übrigen aber durch den Verfasser der Apostelgeschichte stark erweitert und gestaltet wurde.

2.3 Die theologische Bedeutung des Pfingstgeschehens

Auch die theologische Bedeutung des Pfingstgeschehens nach Apg 2 wird unterschiedlich gewertet; seine Auslegung hängt besonders davon ab, ob ein Zusammenhang mit dem Bundesgedanken und dem Sinaigeschehen angenommen wird oder nicht. Ich vermute, daß beide Teile von 2,1–13 (V.1–4 und V.5–13) schon in der Tradition auf diesem Hintergrund geformt wurden. Es geht um die erste und grundlegende Erfahrung des Wirkens des Geistes Gottes im Kreis der Jesusjünger in Jerusalem nach Jesu Tod. Dieses Wirken wird am Wochenfest angesetzt und so in die Geschichte der Wallfahrtsfeste Israels integriert. Das Wochenfest wird bereits in heilsgeschichtlicher Perspektive auch als Fest der Erneuerung des Bundes Gottes mit seinem Volk verstanden (vgl. Jub, Qumran). Mit der Sendung des Geistes wird der Festinhalt der Bundeserneuerung endzeitlich erfüllt. Gottes Geist ermöglicht die endzeitliche Erneuerung des Bundes im Kreis der Jesusjünger und Jüngerinnen, und diese sind Zeugen des Heilsgeschehens vor den Juden in Jerusalem aus allen Völkern. Ganz Israel, auch die unter die Völker zerstreuten Diasporajuden, soll die Großtaten Gottes vernehmen, die in der Geistsendung zu ihrem Ziel kommen.

Zu beachten ist, daß bei diesem Verständnis das Pfingstfest noch ganz auf Israel bezogen ist. Hier ist die Kirche aus den Völkern noch nicht im Blick, sie wird erst im weiteren Verlauf der Apostelgeschichte allmählich an Bedeutung gewinnen. Allerdings werden die Jesusjünger vom Wirken des Geistes ergriffen und bilden den endzeitlich erneuerten Kern des Volkes Gottes, zu dem später auch die Glaubenden aus den Völkern hinzutreten und ihrerseits die Gabe des Geistes erfahren. Deshalb ist der Pfingstbericht von Apg 2 für Leser aus den Völkern nicht nur historisch und theologiegeschichtlich interessant, sondern die pfingstliche Erneuerung des Volkes Gottes in den Jesusjüngern und in den sich Bekehrenden aus Israel ist auch Verheißung und Vorbild für ihre eigene Aufnahme in das endzeitlich erneuerte Volk Gottes.

So berichtet denn die Apostelgeschichte später auch von weiteren »pfingstlichen« Aufbrüchen, nochmals in Jerusalem (4,31), in Cäsarea an Heiden (10,44) und in Ephesus an Täuferjüngern (19,6). Das Wirken des Geistes Gottes ist nicht an Zeit und Ort gebunden. Dennoch hat es nach der Apostelgeschichte einen bestimmten und lokalisierbaren Ausgangspunkt am ersten Wochenfest nach Jesu Tod in Jerusalem, auf den sich die Kirche später mit dem von ihr gefeierten Pfingstfest einmal beziehen konnte.

Der Geist hat nach der Apostelgeschichte besonders eine die Kirche begründende, sie lenkende und erneuernde Funktion. Der Geist treibt und lenkt ihre Apostel, Propheten und Missionare. Er bewirkt das Wachstum der Gemeinde und nimmt Einfluß auf kirchliche Entscheidungen und die Einsetzung von Gemeindeleitern und deren Amtsausübung. Der Geist rüstet so die Kirche für ihre Aufgabe bis zum Ende und hält sie auf dem von Gott »bestimmten Kurs auf ihrem Weg durch die noch ausstehende Geschichte«[14].

2.4 Auf dem Weg zum kirchlichen Pfingstfest

Nur die Apostelgeschichte datiert den Beginn des erfahrbaren Wirkens des Geistes Gottes unter den Jesusjüngern und Jüngerinnen auf das Wochenfest/Pfingsten. Lukas bereitet auf diese Sicht aber schon im ersten Werk vor (Lk 24,49; vgl. Apg 1,4f.8), die Stellung von Pfingsten ist im Doppelwerk wohlüberlegt und korrespondiert mit gehäuften Geistaussagen am Beginn des Lukasevangeliums. Im übrigen erweist sich auch im lukanischen Doppelwerk wie in anderen neutestamentlichen Schriften, daß Gottes Geist an den Glaubenden zu verschiedenen Zeiten und auf unterschiedliche Weise wirkt.

Von daher gesehen ist es gut verständlich, daß die alte Kirche des Geistwirkens lange Zeit nicht an einem bestimmten Tag feierlich gedacht hat, sondern es in der ursprünglichen Einheit des Christusmysteriums belassen und besonders auf Ostern und dann zunächst auch auf die umfassende Freudenzeit der fünfzig Tage nach Ostern bezogen hat. Die Entwicklung eines eigenen Pfingstfestes verdankt sich einer historisierenden Sicht, die besonders im 4. Jahrhundert aufkam und die alte Gesamtschau des Christusgeschehens in einzelne Teilelemente auflöste. Mit der allmählichen Durchsetzung des Festes Christi Himmelfahrt im 4./5. Jahrhundert kommt es auch zu einer allgemeinen Rezeption eines gesonderten kirchlichen Pfingstfestes, dessen Hauptinhalt die Geistsendung ist. Dabei bleibt in Predigt und Liturgie der Zusammenhang mit der österlichen Freudenzeit zunächst noch erhalten, Pfingsten gilt auch als deren Abschluß und Besiegelung. Die Liturgiereform betont nach dem Zweiten Vatikanischen Konzil diese Sicht erneut.

3. Die Geburt Jesu Christi und das Weihnachtsfest

3.1 Zu den Vorgeschichten der Großevangelien und zum Prolog des Johannesevangeliums

Erzählungen um die Geburt Jesu finden sich in den synoptischen Evangelien am Anfang der beiden Großevangelien (Matthäus- und Lukasevangelium), und zwar jeweils in den ersten beiden Kapiteln, den sogenannten Vorgeschichten oder Kindheitsgeschichten. Freilich geht es hier nicht darum, in biografischem Interesse Geburt, Werden und Heranwachsen des Jesuskindes festzuhalten. Diese Erzählungen sind vielmehr ganz christologisch ausgerichtet und wollen die herausragende Bedeutung des Messias Jesus herausstellen, die sich bereits in der Ankündigung der Geburt Jesu, dann in der Geburt selbst und schließlich im Geschick des Kindes manifestiert. Dies zeigt sich schon daran, daß die beiden unterschiedlichen Geburtsankündigungen (im Matthäusevangelium an Josef im Traum, im Lukasevangelium an Maria durch den Engel Gabriel) in der Bestimmung des Kindes als Messias für Israel aus dem Wirken des Geistes übereinstimmen (Mt 1,18–25; Lk 1,26–38).
An dieser Stelle ist auch noch ganz kurz auf den Prolog des Johannesevangeliums zu verweisen, der zwar keine Erzählungen über die Geburt Jesu enthält, aber in christologischer Reflexion von der Fleischwerdung des präexistenten Logos Gottes und der Reaktion der Glaubenden auf die Offenbarung der Herrlichkeit Gottes in Christus spricht (Joh 1,1–18).
So haben die Verfasser der drei großen Evangelien jeweils gerade den Beginn ihrer Schriften genutzt, um die christologische Würde der erzählerischen Hauptfigur bereits vor deren Geburt respektive vor der Weltschöpfung (Johannesevangelium) zu verkünden, damit die Adressaten das Licht des Messiaskindes erkennen und Gottes Wirken an seinem Volk preisen können.

3.2 Die Geburt Jesu (Lk 2,1–20)

In unserem Zusammenhang konzentrieren wir uns zunächst ganz auf die Erzählung von der Geburt Jesu (Lk 2,1–20). Diese Einschränkung rechtfertigt sich durch das Thema des Kap. C und auch angesichts der Bedeutung von Lk 2,1–20 in der Rezeptionsgeschichte durch die Jahrhunderte.
Die Geburtserzählung des Lukasevangeliums ist kunstvoll in drei Teile gegliedert (V.1–7.8–14.15–20), die sich umfangmäßig ziemlich genau entsprechen.[15] Der erste Teil (V.1–7) umreißt zunächst den weltweiten Horizont des römischen Reiches aufgrund des Befehls des Augustus, die eroberten Provinzen steuerlich zu erfassen (V.1–3). Im Rahmen dieses kaiserlichen Erlasses bricht Josef zusammen mit seiner schwangeren Verlobten Maria von der Stadt Nazaret in Galiläa nach Betlehem in Judäa auf, um sich eintragen zu lassen (V.4f). Maria gebiert dort einen Sohn, wickelt ihn in Windeln und legt ihn in eine Krippe, weil keine Unterkunft zu finden ist (V.6f).
Im Zentrum des Reiches agiert der Kaiser in absoluter Machtfülle und bedient sich in der Peripherie Syriens des Quirinius, um die steuerliche Erfassung der eroberten Gebiete voranzutreiben. Auch Josef ist davon betroffen, stammt er doch aus dem Haus und Geschlecht Davids, und zieht in seine Heimatstadt Betlehem. Das Kind Jesus wird also in der Stadt Davids als Nachkomme Davids geboren und entspricht damit Erwartungen an den kommenden Messias (Mi 5,1–5; vgl. Jes 9,1–6; 11,1ff; auch Mt 2,3–6). Allerdings paßt der am Schluß genannte Ort der ersten Ruhe Jesu, die Krippe, in keiner Weise zu seiner königlichen Würde.
Der zweite Teil (V.8–14) wird mit einem Szenenwechsel zu Hirten eröffnet, die des Nachts ihre Herden bewachen. Ihnen erscheint ein Engel des Herrn in strahlender Herrlichkeit, und sie fürchten sich sehr (V.8f). Der Engel spricht sie an und verkündet ihnen eine große Freude, die dem ganzen Volk gilt; denn ihnen ist in der Stadt Davids der Retter geboren, der Messias und Herr, der an folgendem Zeichen zu erkennen ist: sie werden ein Kind in Windeln gewickelt in einer Krippe liegend finden (V.10–12).
Zu dem einen Engel gesellen sich plötzlich himmlische Heerscharen, die Gottes Herrlichkeit in den Höhen und den Frieden auf Erden unter den Menschen seines Wohlgefallens preisen (V.13f).
Die Bedeutung des zuvor geschilderten Geschehens wird den Hirten durch eine zweifache Engelvision erschlossen. In die Dunkelheit der Nacht erstrahlt Gottes Lichtglanz, und ein Engel des Herrn verkündigt das Evangelium, welches dem ganzen Volk Gottes bestimmt ist: Ihm ist als Retter der Messias und Herr in der Stadt Davids geboren, darin erweist Gott seine Macht in der Höhe und auf Erden Frieden unter den Menschen seines Wohlgefallens.
Was in der Peripherie des Reiches in der Stadt Davids geschieht, wird durch die himmlischen Boten in der Mitte der Erzählung in strahlendes

Licht gehoben, so daß das Jesuskind als wahrer Retter des Volkes, als sein Messias und Kyrios, den im Osten als göttlichen Retter verehrten Kaiser weit überragt und als wirklicher Spender des Friedens Gottes gepriesen wird. Während der Kaiser durch die Steuererhebung Israel unterdrückt, erweist sich der Messias Jesus als Herr und Retter seines Volkes und wird gerade in der Vorgeschichte (Lk 1f) auch im Licht des Befreiers aus politischer Unterdrückung verstanden. Erst im Verlauf des Lukasevangeliums insgesamt wandelt sich das christologische Profil Jesu immer stärker zum Retter aus Krankheit, Not und Sünde, der selber den Weg durch Leiden in die Herrlichkeit vorangeht und sich so als Anführer zum Leben erweist (Lk 24,13–35; vgl. Apg 3,15; 5,31).

Der dritte Teil (V.15–20) erzählt vom Gang der Hirten nach Betlehem, dem Finden des Kindes und der Kundgabe der himmlischen Offenbarung über das Kind, was zum Staunen der Hörenden führt, wobei das Bedenken der Worte durch Maria besonders hervorgehoben wird. Darauf kehren die Hirten Gott für alles Erfahrene lobend und preisend zurück.

Der Schlußteil bestätigt das angekündigte Zeichen; die Hirten offenbaren die himmlische Kunde über dieses Kind, was zu Verwunderung und bewahrendem Bedenken des Gesagten führt. Dies und die Gott preisende und lobende Reaktion der Hirten wird den Lesern abschließend als vorbildliche Haltung vorgestellt; so sollen sie auch selbst auf die Kunde der Geburt des Messias Jesus in Betlehem antworten.

Die vorliegende Geburtserzählung ist eine kunstvoll gestaltete Einheit. Die Verkündigung des Engels (V.10–12) erweist sich als das Zentrum der ganzen Komposition, die nicht primär Geschichtsbericht, sondern Evangeliumsverkündigung ist.

In der kritischen Forschung wurden schwere Bedenken gegen die Historizität des Zensus noch zur Zeit des Herodes und die damit verbundene Reise Josefs und Marias nach Betlehem vorgetragen. Diese Reise diene nur dazu, Josef und Maria in die Stadt Davids zu bringen, weil das Messiaskind dort geboren werden müsse, nach historischem Urteil aber habe Jesus in Nazaret das Licht der Welt erblickt. Dieses Problem kann und muß hier nicht gelöst werden; ich möchte aber darauf hinweisen, daß eine Reihe von Fachleuten zu Besonnenheit im Urteil mahnt und eine erste Besitzerfassung etwa im Jahre 7 v. Chr. nicht für unmöglich hält, obwohl sie außerneutestamentlich nicht direkt belegt ist.

3.3 Das Weihnachtsfest am 25. Dezember

Als eigentliches Fest wurde die Geburt Christi erst ab dem 4. Jahrhundert begangen, und zwar ausgehend von der Kirche Roms, welche das Weihnachtsfest auf den 25. Dezember festlegte. Es ist umstritten, wie es zur Festlegung dieses Datums kam. Die einen nehmen an, daß die Feier des heidnischen Festes des unbesiegbaren Sonnengottes am 25. Dezember (Wintersonnenwende) von Christen Roms aufgenommen und durch die

Feier der Geburt Christi als der wahren Sonne der Gerechtigkeit (Mal 3,20) verdrängt wurde. Andere gehen von Berechnungen über den Tag der Schöpfung, Erlösung und Empfängnis aus, welcher bereits im 3. Jahrhundert teils auf den 25. März angesetzt wurde. Daraus hätte sich dann die Festsetzung der Geburt Jesu auf den 25. Dezember ergeben (neun Monate später). Wieder andere vermuten einen Zusammenhang mit dem jüdischen Tempelweihfest am 25. Kislew (November/Dezember), bei dem die Reinigung und Weihe des Tempels nach der Profanierung durch Antiochus IV. Epiphanes feierlich in einem jährlichen Lichtfest begangen wurde.

Wiewohl diese letzte Vermutung meist abgelehnt wird, ist sie meines Erachtens doch ernsthaft zu erwägen (vgl. dazu weiter bei D.) und mit den anderen Hypothesen zusammenzusehen. Die Festlegung des Weihnachtsfestes wird vielleicht am besten nicht monokausal hergeleitet, sondern im Rahmen dieser drei möglichen Begründungszusammenhänge gesehen. Sie können mit jeweils unterschiedlichem Gewicht insgesamt zur Festsetzung des Weihnachtsfestes auf den 25. Dezember in der römischen Gemeinde geführt haben. Von Rom aus hat sich das Fest ziemlich schnell und zumeist noch im 4. Jahrhundert in fast allen christlichen Kirchen durchgesetzt.

Weihnachten ist heute das populärste christliche Fest und mit vielen Bräuchen im familiären Umfeld fest verankert (z.B. Adventskranz, Weihnachtsbaum, Krippe, Weihnachtskarten, Geschenke, traditionelle Speisen und Getränke, häusliche Weihnachtsfeier). Ein besonderes Problem stellt in der Gegenwart der Austausch von Geschenken dar, da die gewinnorientierte Wirtschaft diesen Brauch maßlos ausbeutet und so das Weihnachtsfest zu einer Hochzeit des Kommerzes verkommen läßt. In dieser Hinsicht sollten sich alle Glaubenden größte Zurückhaltung auferlegen, damit am Weihnachtsfest wieder etwas von der ursprünglichen Festfreude über die Geburt des Messias und Retters Jesus Christus erfahrbar wird.

4. Die übrigen Jesuserzählungen der Vorgeschichte des Lukasevangeliums

4.1 Die Verkündigung der Geburt des Messiaskindes an Maria (Lk 1,26–38)

In den Erzählkranz der Vorgeschichte des Lukasevangeliums (Kap. 1f) ist eine nur am Rand mit den Erzählungen um die Geburt des Täufers verflochtene Geburtsankündigung an Maria eingebettet (1,26–38). Sie erzählt von einer Sendung des Engels Gabriel von Gott zur Jungfrau Maria in Nazaret. Der Engel begrüßt die von Gott Begnadete, Maria reagiert mit Erschrecken (V.28f). Der Engel verheißt ihr die Geburt eines Sohnes, den sie

Jesus nennen soll, und verkündet dessen Bestimmung als Sohn des Höchsten auf dem Thron Davids zur ewigen Herrschaft über Israel (V.30–33). Maria trägt als Einwand vor, wie dies geschehen könne, da sie keinen Mann erkenne (V.34). Darauf verweist der Engel auf das Wirken des Heiligen Geistes und die Kraft des Höchsten (V.35) sowie auf Elisabet, die in hohem Alter noch einen Sohn empfangen habe (V.36), weil bei Gott nichts unmöglich sei (V.37; vgl. Gen 18,14).
Abschließend antwortet Maria und bekundet ihre Zustimmung als Dienerin des Herrn, worauf sie der Engel verläßt (V.38).
Die Erzählung von der Ankündigung der Geburt Jesu durch einen Engel an Maria ist durch das Kommen des Engels mit einer Situationsbeschreibung (V.26f), durch einen dreifachen Redegang zwischen dem Engel und Maria (V.28f.30–34.35–38a) und den Abgang des Engels (V.38b) gut gegliedert. In der Mitte steht die Ankündigung der Geburt des Kindes und seiner hohen Bestimmung als Sohn Gottes und Messias Israels (V.30–33). Die Erzählung will offensichtlich schon vor der Geburt Jesu dessen überragende Bedeutung herausstellen und zudem hervorheben, daß er als Kind der Jungfrau Maria nicht durch Josef gezeugt wurde, sondern aus dem Wirken der Kraft Gottes hervorgegangen ist.
Das Alte Testament kennt eine Reihe vergleichbarer Erzählungen, die man zur Gattung der Geburtsankündigungen zählen kann (vgl. Gen 16,7–14; 17,15–22; 18,9–15; Ri 13). Dabei geht es darum, die unerwartete Geburt eines Kindes durch einen Boten Gottes anzukündigen, wobei das Kind später in der Geschichte Israels teils eine bedeutende Aufgabe im Auftrag Gottes erfüllen soll.
In unserer Erzählung liegt im Vergleich mit alttestamentlichen Geburtsankündigungen als Besonderheit und Steigerung vor, daß die Mutter als Jungfrau empfangen soll.[16] So kündigt der Engel in diskreten alttestamentlichen Bildern die geistgewirkte Empfängnis an (V.35), worin Jesus den Täufer bei weitem übertrifft. Das Jesuskind wird aus der Kraft des Geistes empfangen, ist so von Anfang an Gott geweiht und wird Sohn Gottes genannt werden. »Das besondere Gottesverhältnis des endzeitlichen Davidskönigs (V.32f) wird hier in der Weise der Lebensentstehung begründet.«[17]
Bei aller Besonderheit der jungfräulichen Geburt des Kindes gilt es zu beachten, daß ihre Erwähnung dienende und die Größe und Bedeutung Jesu heraushebende Funktion hat. Es handelt sich nicht primär um eine biologische, sondern um eine theologische Bekenntnisaussage. Im Zentrum der Erzählung steht denn auch die Ankündigung der Geburt Jesu, der als Sohn des Höchsten für den Thron Davids bestimmt ist und dessen Herrschaft über Israel ohne Ende sein soll (V.30–33). Hier wird die Natan-Verheißung an David aufgenommen (2 Sam 7,1–17), welche die Grundlage für das Entstehen der Hoffnung auf dauerhaften Bestand der Daviddynastie bildet und die messianische Erwartung befördert hat, die in der Ankündigung der Geburt Jesu zum Ziel kommt.

Die Erzählung der Geburtsankündigung im Lukasevangelium ist ganz von alttestamentlichen Anspielungen und Bezügen bestimmt. Insbesondere die Aufnahme alttestamentlich-frühjüdisch geprägter Messiaserwartung weist darauf hin, daß sie im Judenchristentum entstanden ist, sei es palästinischer oder hellenistischer Herkunft. Dabei ist zu bemerken, daß viele Ausleger eher an das hellenistische Judenchristentum als Entstehungsort denken.

Die Verkündigung des Herrn wird als *kirchliches Fest* am 25. März gefeiert. Es ist vom Ursprung her ein Herren- und Marienfest. Das Fest wird im 6. Jahrhundert im Osten entstanden sein (Konstantinopel), im Westen ist es erst ab dem 7. Jahrhundert belegt. Der 25. März galt schon lange vor der Ansetzung als Festtermin der Verkündigung bei einzelnen Theologen als Datum der Passion Jesu und teils auch der Menschwerdung und Empfängnis Jesu. »Da das Weihnachtsfest am 25. Dezember älter ist, wird man wohl annehmen können, daß im Zuge einer zunehmenden Historisierung die Feier der Verkündigung auf jenen Tag angesetzt wurde, der nicht nur genau neun Monate früher lag, sondern überdies von seiten der Kalenderberechnung u.a. auch das Ereignis der Empfängnis beinhaltete.«[18]

Die Verkündigung des Herrn gehört zu den in der Kunst am häufigsten dargestellten biblischen Szenen. Sie steht oft mit anderen Szenen aus den Vorgeschichten des Lukas- und Matthäusevangeliums zusammen und will ganz besonders in der Zusammenschau mit der Szene von der Geburt Jesu gesehen werden (Lk 2,1–20; vgl. bei C. 3.2). Die Verkündigung des Herrn gehört mit der Geburt des Herrn zusammen; Lk 1,26–38 (Verkündigung) und 2,1–20 (Geburt Jesu) heben aus verschiedenen Perspektiven hervor, daß dieses Kind zum Messias Israels und Retter des Volkes Gottes bestimmt ist.

4.2 Beschneidung und Namensgebung Jesu (Lk 2,21)

Auf die Geburtserzählung (Lk 2,1–20) folgt eine kurze Notiz über die Beschneidung und Namensgebung (Lk 2,21). Das Kind wird wie jeder Israelit am achten Tag beschnitten und damit zeichenhaft in den Bund aufgenommen, den Gott mit Abraham geschlossen hat (vgl. Gen 17,10–12). Da die Beschneidung in hellenistisch-römischer Zeit von außen hart bekämpft wurde, wurde sie immer mehr zu einem wichtigen unterscheidenden Kennzeichen der Juden, in dem ihre Treue zum Bund und Gesetz Gottes zum Ausdruck kam.

Mit der Beschneidung ist die Namensgebung verbunden (vgl. Lk 1,59–66: so schon zuvor bei Johannes). Dabei wird der Name Jesus an das Wort des Verkündigungsengels rückgebunden (1,31), womit indirekt auch an die Gottessohnschaft des Kindes sowie die Verheißung des Thrones Davids und der bleibenden Herrschaft über das Haus Jakobs erinnert wird, die Jesus durch den Engel von Gott zugesagt wurden (1,30–33). Der Name Jesus bedeutet ursprünglich »Jahwe hilft/ist Rettung«[19]. Er wird aber im lukanischen Doppelwerk an keiner Stelle ausdrücklich erläutert (vgl. dagegen Mt 1,21). Dennoch paßt er inhaltlich vorzüglich zur Ausrichtung des Doppelwerkes, das Ausdrücke wie retten, Rettung, Retter vergleichsweise bevorzugt und mit ihnen Gottes und Jesu Wirken auszeichnet. Wenn das Kind bei der Beschneidung den Namen Jesus empfängt, dann kommt darin auch zum Ausdruck, daß es zum Retter des Bundesvolkes Gottes bestimmt ist (vgl. auch Mt 1,21 und den Horizont Israels in Lk 1f insgesamt).

Das *Fest der Beschneidung* des Herrn entstand im 6. Jahrhundert in Gallien und Spanien und wurde am 1. Januar gefeiert (acht Tage nach der Geburt Jesu). In die römische Liturgie wird es erst im 13. Jahrhundert als »Beschneidung des Herrn und Oktav von Weihnachten« aufgenommen. Heute wird der 1. Januar als Hochfest der Gottesmutter Maria begangen, wobei auch der Namensgebung Jesu gedacht wird.[20]

4.3 Die Darstellung Jesu im Tempel (Lk 2,22–40)

Die Darstellung Jesu im Tempel (Lk 2,22–40) schließt direkt an die Beschneidung und Namensgebung an. Sie ist zunächst veranlaßt durch die Reinigung der Mutter, die nach der Geburt eines Knaben am vierzigsten Tag im Tempel durch ein Opfer vollzogen werden sollte (vgl. Lk 2,22.24 und Lev 12,2–4.8). In diesen Rahmen des Reinigungsopfers ist eingebettet, daß die Eltern den Knaben nach Jerusalem mitnehmen und ihn Gott darstellen wollen, dem er als Erstgeborener gehört (Lk 2,22b.23; vgl. Ex 13,2.12.15). Lk 2,22–24 betont dreimal sehr stark die Übereinstimmung des Handelns der Eltern mit dem Gesetz. Dennoch wird nachher der Vollzug des Opfers nur kurz gestreift (V.27.39), während die Begegnung mit Simeon und Hanna in aller Breite herausgestellt wird und damit die Darstellung des Kindes vor Gott und mit seinem Auftrag von Gott, den die beiden prophetischen Gestalten kundtun.

Zunächst wird das Auftreten Simeons erzählt (2,25–35), der als gerecht und fromm und dreifach als geistbegabt gekennzeichnet wird. Er, der das messianische Heil als Trost Israels erwartet, begegnet durch den Geist gelenkt den Eltern, nimmt das Kind in die Arme und preist Gott; denn Simeon hat in Jesus Gottes Heil gesehen, das als Licht für die Völker und zur Verherrlichung Israels bestimmt ist (V.27–32). Dann segnet Simeon die staunenden Eltern und sagt zu Maria, der Mutter des Messias, daß ihr Kind zum Fall und zum Aufstehen vieler in Israel und zu einem Zeichen des Widerspruchs bestimmt sei, damit die Ausrichtung des Herzens vieler aufgedeckt werde; der Mutter selbst sagt er an, daß ihre Seele ein Schwert durchdringen werde (V.33–35).

Simeon hebt vor dem Hintergrund der Verheißung Deuterojesajas (Jes 42,6; 46,13; 49,6) die doppelte Bestimmung Jesu als Licht für die Völker und für Israel hervor und spricht bereits von der Spaltung, welche Jesus in Israel verursachen und die auch seine Mutter schwer treffen wird. Da-

mit klingt eine Thematik an, welche das lukanische Doppelwerk nach der Vorgeschichte deutlich prägen wird.
Nach dem Mann tritt in einer vergleichsweise kurzen Szene eine Frau namens Hanna auf (2,36–38). Sie wird als Prophetin bezeichnet, ihr hohes Alter und besonders ihre lange Witwenschaft sowie ihr Fasten und Beten am Tempel werden hervorgehoben. Sie tritt herzu, preist Gott und spricht über das Kind zu allen, welche auf die Befreiung Jerusalems harren. Hanna spricht zwar nicht in direkter Rede, aber sie wird als Prophetin ausgezeichnet, und sie bestätigt die Verheißung Simeons über das Kind gerade in ihrer positiven Ausrichtung auf die Erlösung Jerusalems (vgl. Jes 52,9) und damit auch auf den Trost Israels (Lk 1,68; 2,25). So mündet die Darstellung Jesu im Tempel in ihrem Schlußteil in einem positiven Ausblick auf die Befreiung Jerusalems. Es folgen eine die Darstellung Jesu beschließende Aussage (V.39) und eine Schlußnotiz zur Kindheit Jesu (V.40; vgl. 1,80).
Als *kirchliches Fest* wird die Darstellung des Herrn zuerst von der Pilgerin Egeria um 400 für Jerusalem bezeugt, und zwar für den 14. Februar. Es wird dort Hypapante (Fest der Begegnung) genannt und mit einer Lichterprozession verbunden. In Rom wird es im 7. Jahrhundert am 2. Februar gefeiert (40. Tag nach der Geburt Jesu) und als Herrenfest begangen. Später breitet sich das Fest weiter aus, nun als Marienfest verstanden (Mariä Lichtmeß); es wird mit der Segnung von Kerzen und einer Lichterprozession verbunden, womit die Aussage über Christus als Licht der Völker aufgenommen wird.

4.4 Der zwölfjährige Jesus im Tempel (Lk 2,41–52)

Der letzte Abschnitt der lukanischen Vorgeschichte erzählt vom Aufenthalt des zwölfjährigen Jesus im Tempel (Lk 2,41–52). Er wird durch die Angabe eröffnet, daß die frommen Eltern jedes Jahr zum Paschafest nach Jerusalem wallfahren (V.41). Im zwölften Jahr, also ein Jahr vor dem Beginn der gesetzlichen Verpflichtung, nehmen sie auch Jesus mit, der sich selbständig macht und länger in Jerusalem bleibt, was die Eltern erst auf dem Heimweg bemerken. Sie kehren nach Jerusalem zurück und finden ihn nach drei Tagen im Tempel mitten unter den Lehrern, wobei er hörend, fragend und Antwort gebend durch seine Einsicht hervorsticht (V.46f).
Die Mutter spricht das Kind vorwurfsvoll darauf an, daß der Vater und sie es mit Schmerzen gesucht haben. Jesus aber antwortet: »Was habt ihr mich gesucht, wußtet ihr nicht, daß ich in dem sein muß, was meinem Vater gehört?« (V.49). Diese Antwort hat als erstes Wort Jesu im Rahmen des Lukasevangeliums besonderes Gewicht. Die Eltern verstehen es nicht. Jesus aber geht mit ihnen zurück nach Nazaret und ordnet sich ihnen unter. Ein Abschlußvers beschließt zusammenfassend die Jugendzeit Jesu (V.52). Die kunstvoll gestaltete Erzählung hat zwei Höhepunkte. Im Zentrum

wird die Weisheit des zwölfjährigen Jesus hervorgehoben, der bereits unter den Lehrern weilt, und zwar im Tempel als hervorragendem Ort des Suchens nach Gottes Willen (V.46f). Im anschließenden Teil macht Jesu Antwort an seine Eltern deutlich, daß er über die Verbindung zu ihnen hinaus Gott in besonderer Weise verpflichtet und dem Tempel als Ort der herausragenden Gegenwart Gottes verbunden ist (V.48f). Die Verbindung zu den irdischen Eltern wird überboten in der besonderen Beziehung zum himmlischen Vater, als dessen Kind sich der zwölfjährige Jesus bereits versteht.

Damit ist das Thema der besonderen Sohnschaft Jesu gegenüber Gott bereits angeklungen und die herausragende Nähe Gottes im Tempel ausgesprochen; beide Aspekte prägen das Lukasevangelium insgesamt. Die letzte Erzählung der Vorgeschichte des Lukasevangeliums, die keine Parallele aus der Täuferkindheit zur Seite hat, schafft so vorzüglich die Überleitung zum Gesamtwerk, indem sie die christologische Würde Jesu und die Bedeutung des Tempels und des Wallfahrtsfestes heraushebt.

Der Aufenthalt des zwölfjährigen Jesus gehört in die Zeit des Paschafestes oder unmittelbar danach. Er ist mit diesem *Fest* zusammenzusehen; und man kann den Bericht über ihn mit Heinz-Josef Fabry als praktizierte deuteronomische Festtheologie im Sinne des Festes »als Lernort des Glaubens« bezeichnen.[21] In neuerer Zeit dient dieser Abschnitt wohl wegen der Angabe über Jesu Gehorsam (V.51) als Evangelientext am »Fest der Heiligen Familie«.[22] Liest man aber den Text als Ganzes, kann er noch weit eher eine aspektreiche und spannende Botschaft über das Leben in und als Familie verkünden.

D. Feste im Johannesevangelium

Das Wirken Jesu ist nach dem Johannesevangelium viel deutlicher auf Feste des jüdischen Festkalenders bezogen als nach den synoptischen Evangelien. So erwähnt das Johannesevangelium am Beginn des Wirkens Jesu gleich nach dem Hochzeitsfest in Kana in Galiläa (2,1–11) den ersten Gang Jesu nach Jerusalem anläßlich eines Paschafestes (2,13ff), dann ein weiteres Fest, zu dem sich Jesus nach Jerusalem begibt, das aber nicht näher bestimmt wird (5,1ff). Es folgen ein zweites Paschafest (6,4ff), das Laubhüttenfest (7,2ff), das Fest der Tempelweihe (10,22ff) und das dritte Paschafest (11,55ff). Von diesen Festen erwähnen die Synoptiker nur das letzte, an dem Jesus gekreuzigt wird. Insgesamt dürfte der zeitliche Rahmen des Wirkens Jesu durch diese Feste zuverlässiger abgesteckt werden als durch die synoptischen Evangelien. Nach den Angaben der Synoptiker hätte Jesus kaum ein Jahr lang gewirkt, nach dem Johannesevangelium dagegen gut zwei Jahre.

Wir behandeln nun kurz die einzelnen Feste nach der Abfolge ihrer Erwähnung im Johannesevangelium und fragen nach ihrem vorgegebenen Festgehalt und ihrer christologischen Ausrichtung im vierten Evangelium.

1. Die Hochzeit zu Kana (Joh 2,1–11)

1.1 Die Erzählung Joh 2,1–11 im Rahmen des Johannesevangeliums

Nach der Erzählung von der Hochzeit zu Kana (2,1–11) wurden Jesus, seine Jünger und die Mutter Jesu zu dieser Feier geladen. Jüdische Hochzeitsfeiern dauerten damals mehrere Tage, dabei wurde reichlich gegessen und getrunken, getanzt und gesungen. Die Festfreude war groß, weil zwei Menschen zusammengefunden hatten und den Willen bekundeten, in einer von Gott gewollten und gesegneten Gemeinschaft in Zukunft zusammenzuleben (vgl. Gen 2,18–24; Tob 8,4–9).

Nach Joh 2,1–11 geht bei der Hochzeit zu Kana der Wein zur Neige, die Mutter Jesu bemerkt es und sagt es ihm. Jesus weist ihre indirekte Bitte zunächst zurück, da seine Stunde noch nicht gekommen sei (V.4). Mit dem Verweis auf die Stunde Jesu wird im Johannesevangelium später der Zeitpunkt des Todes Jesu angesprochen, an dem er am Kreuz verherrlicht wird (vgl. 7,30; 8,20; 12,23; 13,1 u.a.). Viele Fachleute nehmen diesen Bezug auch an unserer Stelle an, der Zusammenhang läßt aber wohl eher an die Stunde des Beginns des öffentlichen Wirkens Jesu denken.

Trotz der Abweisung bereitet die Mutter Jesu die Diener auf sein Wirken vor: »Was er euch sagt, das tut« (V.5). Die Beharrlichkeit der Mutter ist als Ausdruck ihres festen Glaubens zu werten, dem Jesus alsbald entspricht. Er läßt sechs steinerne Gefäße durch die Diener mit Wasser füllen, wor-

auf der für das Mahl Verantwortliche die Güte des zu Wein gewordenen Wassers feststellt und dies auch vor dem Bräutigam in einer direkten Rede abschließend kundtut (V.7–10).
Am Schluß hebt V.11 hervor, wie das Weinwunder im Licht des Johannesevangeliums zu verstehen ist. Das Wunder ist das erste von Jesus gewirkte Zeichen. Es weist als Zeichen über sich hinaus und bezeichnet eine Wirklichkeit, die nicht direkt ersichtlich, aber durch das Zeichen angezeigt wird. Die Wunder Jesu erschließen im Johannesevangelium einen weiten Sinnhorizont und verweisen letztlich immer auf die Person Jesu, dessen Bedeutung und Größe durch das Zeichen hervorgehoben wird. Hier verweist die Fülle des vorzüglichen Weins von etwa 600 Litern auf die endzeitliche Heilszeit, die mit dem Wirken Jesu in Kana anhebt. Es ist die messianische Freudenzeit, die durch die Gegenwart des Messias Jesus ausgezeichnet wird, der zuvor schon von Johannes dem Täufer und den erstberufenen Jüngern in seiner christologischen Würde herausgestellt wurde (1,19–51).
Über Jesus, dem irdischen Menschensohn, ist der Himmel offen, und Engel Gottes verbinden ihn mit der himmlischen Welt (1,51). Diese einmalige Beziehung Jesu zu Gott kommt im ersten Zeichen in Kana zum Ausdruck, das seine messianische Würde im Wunder bestätigt und die endzeitliche Freudenzeit eröffnet. So wird das Weinwunder zu einem Zeichen für die Herrlichkeit Gottes, die Jesus eigen ist und die er gerade auch in Wunderzeichen offenbart (1,14), wodurch die Jünger im Glauben an ihn bestätigt werden. Ziel der Zeichen im Johannesevangelium, von denen insgesamt sieben herausgehoben werden (2,1–11: Kana; 4,46–54: Sohn des königlichen Beamten; 5,1–9: Gelähmter; 6,1–15: Speisung; 6,16–21: Seewandel; 9,1–7: Blindgeborener; 11,1–44: Auferweckung des Lazarus), sind die Offenbarung der Herrlichkeit Jesu und der Glaube der Jünger und der Leser des Johannesevangeliums.
2,1–11 ist als Abschluß des Erzählkranzes von 1,19–2,11 zu lesen. Am siebten Tag nach Beginn des Wirkens Jesu (vgl. die Tagesangaben 1,29.35.43; 2,1), dem Schöpfungssabbat vergleichbar (vgl. Gen 1,1–2,3), wird zum ersten Mal das Größere der Herrlichkeit des Messias und Königs Israels sichtbar, das er dem letztberufenen Jünger Natanaël verheißen hat (1,50f). In der Öffentlichkeit eines Hochzeitsfestes wird die Würde des Messias Jesus, der ganz aus der Verbindung mit Gott lebt und wirkt, erstmals sichtbar. Sie dient der Festfreude der Menschen und dem Glauben der Jesusjünger, die sich als bekennende Gemeinschaft im Blick auf die werdende Kirche um Jesus sammeln.

1.2 Die Hochzeit zu Kana als Element des späteren Epiphanie-Festes

Bemerkenswert ist, daß die Erzählung von der Hochzeit zu Kana im Osten seit den Anfängen des Epiphanie-Festes (6. Januar) teils zum Festgehalt dieses Tages zählt.[23] Zum Inhalt des Festes gehörten – mit regionalen Unterschieden – die Geburt Jesu Christi, die Anbetung der Weisen, die Taufe Jesu und die Hochzeit zu Kana. Die entsprechenden Szenen des Neuen Testaments wurden unter dem Aspekt der epiphaneia (Erscheinung) der göttlichen Herrlichkeit zusammengesehen, welche sich in Jesus Christus von Beginn an offenbart hat. Mit der späteren Einführung des Weihnachtsfestes wurde zunächst der Aspekt der Geburt oder Inkarnation Jesu vom Fest am 6. Januar auf den 25. Dezember verlegt (vgl. bei C.3.3). In der römischen Liturgie wurde dann seit Leo I. (440–461) die Anbetung der Weisen zum entscheidenden Festinhalt, der später aber teils wieder mit anderen Elementen angereichert wurde.

Die Vielfältigkeit des ursprünglichen Festinhalts von Epiphanie erklärt sich vielleicht am besten durch die Annahme von Vorstufen in Kreisen häretischer Gnostiker, welche bereits heidnische Feste transformiert hatten. Diese gnostischen und heidnischen Feiern wurden vermutlich schon im 3. Jahrhundert von Christen aufgenommen und zum kirchlichen Epiphanie-Fest umgewandelt, das seit dem 4. Jahrhundert ausdrücklich bezeugt ist.

Besonders im Westen ist das Fest Epiphanie durch die Dreikönigsverehrung seit dem Mittelalter sehr populär geworden. In der Erzählung von der Huldigung vor dem neugeborenen König der Juden (Mt 2,1–12) aus der Vorgeschichte des Matthäusevangeliums (Kap. 1f) ist allerdings nur von »Magiern vom Osten« die Rede (Mt 2,1). »Magier« sind Priester und Weise aus dem Osten, die sich unter anderem auf Stern- und Traumdeutung verstanden. Wohl aufgrund der Dreizahl ihrer Gaben an das Kind (Mt 2,11: Gold, Weihrauch, Myrrhe) sprach man im Westen bald von drei Weisen, die dann unter alttestamentlichem Einfluß (Jes 60,3; Ps 72,10f) zu Königen wurden. Im frühen Mittelalter kennt die Legende auch ihre Namen: Kaspar, Melchior und Balthasar. Die entwickelte Legende wird im Mittelalter in manchen Ländern zum Inhalt von Mysterien- und Dreikönigsspielen. Seit 1164 gewinnt der Reliquienkult um die drei Heiligen im deutschen Raum an Bedeutung: Friedrich Barbarossa ließ die angeblichen Reliquien der drei Könige von Mailand nach Köln überführen. Dadurch wurde ihre Verehrung in diesem Raum noch weiter gefördert.

2. Die drei Paschafeste im Johannesevangelium

2.1 Das erste Paschafest (Joh 2,13ff)

Das Paschafest diente dem dankbaren Gedenken der Befreiung Israels aus Ägypten (vgl. B.1.1). Nach dem Johannesevangelium geht Jesus kurze Zeit nach seinem ersten Wirken in Galiläa nach Jerusalem hinauf, weil das Pascha der Juden nahe war (2,13). Er findet dort im Tempel Verkäufer von Opfertieren und Geldwechsler, treibt die Verkäufer und Tiere aus dem Vorhof der Heiden und stürzt die Tische der Geldwechsler um. Allein die

Taubenhändler behandelt er etwas nachsichtiger und gebietet ihnen, die Opfertiere der Armen hinauszutragen und das Haus des Vaters nicht in ein Kaufhaus zu verkehren (2,16; vgl. Sach 14,21). Ein Schlußkommentar unter Aufnahme von Ps 69,10 spricht davon, daß sich die Jünger wohl nach Ostern erinnert haben, daß der Eifer für Gottes Haus Jesus verzehren werde (V.17). Damit wird indirekt festgehalten, daß die Reinigung des Tempelvorhofs Jesus die Feindschaft der Hohenpriesterschaft und letztlich den gewaltsamen Tod eingebracht hat.
Auf die Tempelaktion Jesu folgt im Johannesevangelium gleich eine Auseinandersetzung mit den Juden (2,18–22). Sie fragen ihn nach einem Zeichen seiner Vollmacht, solches zu tun. Er antwortet mit dem Tempelwort, das im Johannesevangelium so lautet: »Reißt diesen Tempel ab, und in drei Tagen werde ich ihn aufrichten« (2,19; vgl. Mk 14,58; 15,29 par). Es folgt ein Einwand der Juden im Blick auf die 46jährige Bauzeit des Tempels (V.20), der durch die Bemerkung beantwortet wird, daß Jesus vom Tempel seines Leibes gesprochen habe (V.21). Abschließend wird erneut die Erinnerung der Jünger Jesu nach dessen Auferweckung erwähnt und ihr Glaube an die Schrift (2,17) und das Wort Jesu (2,19) festgehalten (2,22; vgl. 2,17).
Im Johannesevangelium steht die Tempelhandlung Jesu anders als bei den Synoptikern am Anfang seines Wirkens, sie wird breiter und kraftvoller erzählt, und der zweite Teil (2,18–22) hat praktisch keine synoptische Entsprechung. Wiewohl die Erzählung im Johannesevangelium weit vom Todespascha entfernt ist, ist sie doch ganz auf den Tod Jesu ausgerichtet, der als Folge seiner Tempelhandlung gesehen wird (2,17), den seine Gegner betreiben werden; Jesus hingegegen wird sein Tun durch das Zeichen der Auferstehung legitimieren. Durch Tod und Auferweckung hindurch wird Jesu Leib zum Tempel und Ort der Gegenwart Gottes in der Welt (2,21), eine Sicht, die dem Johannesevangelium eigen ist und noch weiter zu bedenken sein wird.
Die Tempelreinigung Jesu und deren Folgen werden im Johannesevangelium noch deutlicher aus der Sicht der Zeit nach Tod und Auferstehung Jesu (2,17.22) und wohl sogar nach der Zerstörung des Tempels (vgl. 2,19.21) reflektiert.

2.2 Das zweite Paschafest (Joh 6,4ff)

Die Nähe eines zweiten Paschafestes wird im Johannesevangelium in der Exposition zur Erzählung von der Speisung der Fünftausend erwähnt (6,1–15; vgl. V.4). Jesus begibt sich nicht nach Jerusalem, sondern auf die andere Seite des Sees von Galiläa, wohin ihm die große Volksmenge folgt. Jesus speist die Fünftausend mit fünf Gerstenbroten und zwei Fischen; die Jünger füllen danach noch zwölf Körbe mit Resten. Die Menschen erkennen in Jesus aufgrund des Zeichens den Propheten, sie wollen ihn zum König machen, er aber zieht sich auf den Berg zurück.

Die im vierten Evangelium erzählte Speisung der Fünftausend hat Gemeinsamkeiten mit der Speisung Israels auf der Wüstenwanderung durch Gott mit Manna und Wachteln (vgl. Ex 16; Num 11; Ps 78,24–29). Sie will Jesus als den endzeitlichen Propheten im Lichte des Mose zeichnen, der sein Volk wunderbar speist und sich darin als der wahre Gesandte Gottes erweist, der die Menschen mit dem Brot vom Himmel sättigt, das ewiges Leben verheißt.

Die nachfolgende Brotrede in der Synagoge von Kafarnaum (6,22–59) jedenfalls entfaltet vom Schrifthinweis über das Manna in der Wüste (»Brot vom Himmel gab er ihnen zu essen« V.31; vgl. Ps 78,24; Ex 16,4.15) ausgehend eine zweifache Botschaft: 1. Das Brot vom Himmel, das ewiges Leben gewährt, ist Jesus selbst, der sich den Glaubenden als Brot des Lebens schenkt. 2. Das Brot, das Jesus geben wird, ist sein Fleisch für das Leben der Welt. Er ist somit das wahre Brot, das vom Himmel gekommen ist; wer von ihm ißt, wird in Ewigkeit leben, anders als die Väter der Wüstenzeit, die gestorben sind.

Joh 6 ist durch V.4 zeitlich unmittelbar vor das Paschafest gelegt, weil durch die Anklänge an das rettende Wirken Gottes an seinem Volk in der Wüstenzeit Gehalte des Paschafestes erinnert werden, die nun durch die Brotgabe Jesu selbst überbietend vollendet werden. Das Manna der Wüstenzeit hat das Überleben des Volkes Gottes ermöglicht, die Brotgabe, die Jesus ist und gibt, wird dem Volk Gottes das ewige Leben eröffnen. Der eucharistische Aspekt der Rede weist außerdem darauf hin, daß das Fleisch und Blut Jesu im Lichte seiner Todeshingabe für die Welt zu sehen sind (V.51). Damit ist erneut der Horizont des Paschafestes aufgetan, an dem Jesus am Kreuz zur Zeit der Schlachtung der Paschalämmer als Lamm Gottes sterben wird, das die Sünde der Welt wegnimmt (1,29).

2.3 Das dritte Paschafest (Joh 11,55ff)

11,55 notiert die Nähe eines dritten Paschafestes im Johannesevangelium; sechs Tage vor ihm kommt Jesus nach Betanien und wird dort vorweg durch Maria auf den Tod gesalbt (12,1–8). Veranlaßt durch eine Anfrage von Griechen spricht Jesus davon, daß die Stunde des Todes nun gekommen sei, die der Verherrlichung des Menschensohnes dient (12,20ff).

In einem Mahl vor dem Paschafest bereitet Jesus seine Jünger in Abschiedsreden auf die Zeit nach seinem Weggang vor (13,1–17,26). Darauf wird er verhaftet, vom Hohenpriester und Pilatus verhört und auf Druck der Hohenpriester zur Kreuzigung übergeben. Er stirbt zur Stunde der Schlachtung der Paschalämmer am Nachmittag des Paschavortages (vgl. 19,14) als »Lamm Gottes, das die Sünde der Welt wegnimmt« (1,29). Jesus ist als endzeitliches Paschalamm im Licht des Knechtes Gottes zu sehen, der die Sünde der vielen stellvertretend auf sich nimmt und beseitigt (vgl. Jes 52,13–53,12; vgl. dazu weiter bei B.1.4).

2.4 Die Bedeutung des Paschafestes im Johannesevangelium

Das Paschafest wird im vierten Evangelium also auch im Sinne des befreienden Handelns Gottes an seinem Volk im Exodus gesehen. Dieses befreiende Handeln Gottes wird aber deutlich mit der Gegenwart verbunden und ganz in der Todeshingabe und der Verherrlichung Jesu konzentriert. Der gekreuzigte Jesus ist das Vergebung gewährende endzeitliche Paschalamm, das die Glaubenden befreit und ihnen als Brot des Lebens und eucharistische Gabe ewiges Leben gewährt. Der Leib des Auferstandenen ist der Ort der Gegenwart Gottes in der Welt, nachdem der Tempel von Jerusalem zerstört ist. Das christliche Paschafest hat sein Zentrum in Tod und Auferstehung Jesu, darin kommt das rettende Handeln Gottes im Exodus zur Vollendung. Weil die jüdischen Gegner der christlichen Gemeinde diese Vollendung des Paschafestes in Christus nicht anerkennen können, feiern sie »das Pascha der Juden« (2,13; 6,4; 11,55), wie es im Johannesevangelium dreimal an herausragender Stelle bezeichnet wird. Es ist im Sinne des Johannesevangeliums das um die messianische Erlösung verkürzte Paschafest.

3. Ein nicht näher gekennzeichnetes Fest (Joh 5,1ff)

5,1 wird ein Fest der Juden erwähnt, das Jesus erneut veranlaßt, nach Jerusalem hinaufzuziehen. Im Unterschied zu den anderen Festangaben im Johannesevangelium wird das Fest nicht näher bestimmt. Es steht ohne bestimmten Artikel und zusätzliche Bezeichnung; so muß wohl offenbleiben, welches Fest gemeint ist, wobei vermutlich noch am ehesten an das Wochenfest zu denken ist. Diese Unbestimmtheit hängt wohl damit zusammen, daß das sogleich erzählte dritte Wunderzeichen im Johannesevangelium (5,2–9) am Sabbat (V.9) stattfindet. Der Sabbat ist im Zusammenhang wichtiger als das eingangs erwähnte Fest (V.1), weshalb sein Inhalt wohl auch offengelassen wird.
Die Heilungserzählung (V.2–9) handelt von einem 38 Jahre lang gelähmten Menschen, den Jesus am Teich von Betesda antrifft und durch sein Wort gesund macht. Daran schließt eine breite Auseinandersetzung mit den Juden an, welche die Heilung als Bruch des Sabbats beurteilen. Jesus aber rechtfertigt sich durch das Wort: »Mein Vater wirkt bis jetzt, und auch ich wirke« (V.17). Jesu Handeln, auch und gerade am Sabbat, zeichnet sich durch die Wirkeinheit mit dem Vater aus. Ja es kennzeichnet sein Wesen als Sohn des Vaters, daß er das tut, was er den Vater tun sieht und was der Vater ihm in Liebe aufgetragen hat. Dies aber übersteigt das Ausgangswunder bei weitem, hat der Vater doch dem Sohn übertragen, die Toten lebendig zu machen und an seiner Stelle Gericht zu halten (V.17–30).
Allein der Vater selbst bezeugt Jesu Vollmacht zu diesem Tun. Aber auch die Schriften legen von Jesus Zeugnis ab; Mose hat über Jesus geschrieben,

weshalb Mose auch Ankläger der Juden sein wird, weil sie ihm nicht geglaubt haben (V.31–47).
Das dritte Wunderzeichen Jesu ist eine Sabbatheilung, die in einen breiten Konflikt mit den Gegnern mündet. Nicht das Heilungswunder an sich sorgt für Aufregung, sondern die Verletzung des Sabbats durch Jesus (vgl. A.1). Die viel breitere »Nachgeschichte« des Wunders (5,9b–30) soll gerade die göttliche Vollmacht Jesu als des Sohnes, der im Auftrag des Vaters und in Übereinstimmung mit seinem Willen wirkt, zur Geltung bringen. Wie Gott auch am Sabbat nicht ruht, sondern sein erbarmendes und richterliches Handeln ausführt, so tut dies auch der Sohn in Wirkeinheit mit dem Vater. Und der Sohn wird sogar an Gottes Stelle die Toten lebendig machen und richten.
Der Sabbat als siebter Schöpfungstag dient nicht allein der Ruhe Gottes, sondern auch der Vollendung der Schöpfung (vgl. Gen 2,1–3). An diesem die Schöpfung vollendenden Handeln nimmt Jesus mit der Heilung des Gelähmten am Sabbat teil, ja es wird noch überboten in Neuschöpfung und Gericht durch den Sohn in Gegenwart und Zukunft.
Ist mit dem nicht näher bezeichneten Fest in 5,1 in der Tat das Wochenfest gemeint, wie einige Ausleger aufgrund der Stellung zwischen den Paschafesten 2,13 und 6,4 vermuten, dann ist es als Fest der Gesetzgebung und der Bundeserneuerung zu verstehen (vgl. C.2.1). In diese Richtung kann der Schluß von Kap. 5 mit seinem Hinweis auf die Gesetzgebung am Sinai (V.37) und auf die Schriften und Mose (V.39.45–47) weisen.
Diesen Aussagen stehen am Anfang von Kap. 5 die auffallenden Zahlenangaben der fünf Säulenhallen und der 38jährigen Krankheit des Heilungsbedürftigen gegenüber. Hier hat allegorische Schriftauslegung schon lange einen Hinweis auf die fünf Bücher Mose und den Wüstenaufenthalt von 38 Jahren nach Dtn 2,14 vermutet. Diese Zahlenangaben sind natürlich nicht mit angemessener Sicherheit so zu verstehen. Aber ein solches Verständnis ist im hintergründigen vierten Evangelium auch nicht undenkbar. Die Aussagen des 5. Kap. wären dann wohl am ehesten wie folgt zu deuten: Das Wochenfest als Fest der Gesetzgebung und Erneuerung des Bundes kommt im Handeln Jesu zum Ziel, der Sabbat und Schöpfung vollendet und jenes alles erneuernde Leben spendet, von dem die Schriften sprechen, die nach dem Johannesevangelium allein im Blick auf Jesus ganz verstanden werden können.

4. Das Laubhüttenfest (Joh 7,2ff)

4.1 Das Laubhüttenfest im Frühjudentum

7,2 erwähnt im Johannesevangelium erstmals die Nähe des Laubhüttenfestes, das dann im Hintergrund von Kap. 7f steht. Im Frühjudentum ist das Laubhüttenfest neben dem Pascha- und Wochenfest das dritte große Wallfahrtsfest. Es dauerte sieben Tage (15.–21. Tischri; Ende September/Anfang Oktober) und wurde am achten Tag mit einem großen Schlußfesttag abgeschlossen. Es wurde als Erntedankfest für die Wein-, Obst- und Olivenernte gefeiert und bekam den Namen von den Laubhütten, in denen die Festteilnehmer in Erinnerung an den Exodus wohnten (Lev 23,42f). Es gilt als »das Fest des Herrn« schlechthin (Lev 23,39), als Fest der Freude, das bereits Abraham gefeiert habe (Jub 16,21–27). Es ist besonders auch durch den Ritus der Wasserspende am Tag und der Lichtfeier in der Nacht am Tempel bestimmt. Die Wasserspende gossen die Priester an jedem Morgen des Festes an den Brandopferaltar, sie war mit der Bitte um fruchtbringenden Regen verbunden. Die Lichter wurden am Abend im Frauenhof des Tempels bei der Schatzkammer (8,20) entzündet und waren ein Ausdruck großer Festfreude.

4.2 Das Laubhüttenfest im Johannesevangelium

Nach dem Johannesevangelium kommt Jesus zunächst der Aufforderung seiner Brüder nicht nach, sich am Laubhüttenfest in Jerusalem der Welt zu offenbaren (7,1–9). Jesus geht dann aber später als seine Brüder doch zum Fest, allerdings zunächst im Verborgenen (7,10–13). Erst zur Festmitte tritt Jesus öffentlich im Tempel auf und lehrt (7,14–24), was die Frage aufwirft, ob er der Messias sei, und zu einer ersten Scheidung zwischen Nichtglaubenden und Glaubenden führt (7,25–36).
7,37 erwähnt dann den letzten und großen Tag des Festes, an dem Jesus auftritt und ausruft: »Wenn jemand dürstet, komme er zu mir, und es trinke, wer an mich glaubt. Wie die Schrift sagt: Ströme lebendigen Wassers werden aus seinem Leib fließen« (7,37f). Mit dem letzten und großen Tag ist der siebte oder achte Tag des Laubhüttenfestes gemeint. Das Wort Jesu nimmt von Ferne die Wasserspende am Tempel auf. Jesus spricht wie die Weisheit Gottes und ruft die Adressaten auf, ihren Durst im Glauben an ihn zu stillen. Der anschließende Kommentar in 7,39 macht deutlich, daß Jesus den Durst der Glaubenden als Spender des Geistes durch seine Verherrlichung am Kreuz stillen wird. Auch dieses Wort führt zur Spaltung unter dem Volk, die sich nun sogar durch Nikodemus bis in die Reihen der Hohenpriester und Pharisäer auswirkt (7,40–52).
Da die Szene Jesu mit der Ehebrecherin (7,53–8,11) nicht zum ursprünglichen Bestand des Johannesevangeliums zählt, schließt 8,12–20 unmittelbar an 7,52 an. Damit folgt auf das Offenbarungswort Jesu vom leben-

digen Wasser für die Dürstenden (7,37f) und dessen Wirkung nun als erneutes Wort des Offenbarers: »Ich bin das Licht der Welt, wer mir nachfolgt, wandelt nicht in der Finsternis, sondern wird das Licht des Lebens haben« (8,12). Dieses Ich-bin-Wort Jesu hat als Hintergrund die erwähnte festliche Beleuchtung am Tempel. Von ihr wird Jesus in exklusiver Weise als derjenige abgehoben, der als Licht der ganzen Welt verstanden wird, welches das Leben aller Menschen erhellt, die ihm nachfolgen und damit aus aller Finsternis befreit werden.

Dieses Wort führt nun zur direkten Auseinandersetzung zwischen den Pharisäern und Jesus, die in 8,20 mit der Ortsangabe »bei der Schatzkammer lehrend im Tempel« und der Bemerkung, daß ihn niemand festgenommen habe, abgeschlossen wird.

Das Laubhüttenfest bildet in Joh 7f den Hintergrund des Wirkens Jesu am Tempel zu Jerusalem. Die Messiasfrage spielt dabei eine wichtige Rolle, was durchaus zum Laubhüttenfest paßt, da die Erwählung der Daviddynastie seit der Königszeit mit zum Herbstfest gehört.[24] Die besondere Hoheit Jesu als Messias Israels wird sodann durch zwei Offenbarungsworte hervorgehoben, die an zwei Riten beim Laubhüttenfest anschließen. Jesus ist der Spender lebendigen Wassers für die Dürstenden und das Licht der Welt für die ihm Nachfolgenden. Damit dürften Festgehalte, die von ihrem Ursprung her mit der Tempelfrömmigkeit und der Zentrierung auf das Heiligtum in Jerusalem zusammenhingen, auf Jesus übertragen worden sein. Was den Tempelbesuchern beim Laubhüttenfest verheißen wurde, nämlich Fruchtbarkeit des Lebens und Festfreude, das gewährt ihnen in überbietender Weise nun Jesus, der als Messias Israels Quelle des Geistes und Licht für die Welt ist.[25]

Das Laubhüttenfest wird eingangs wohl deshalb als »Fest der Juden« bezeichnet (7,2), weil Jesus als Messias Israels umstritten ist und besonders von den Führern Israels abgewiesen wird. Das christliche Laubhüttenfest wird dagegen nach dem Johannesevangelium wohl dort gefeiert, wo Jesus als Messias Israels und Licht der Welt im Glauben angenommen wird und der Geist den Glaubenden die volle Wahrheit in Jesus Christus erschließt (vgl. 7,37–39 und die fünf Parakletworte: 14,16f.26; 15,26; 16,7–11.13–15).

5. Das Tempelweihfest (Joh 10,22ff)

5.1 Das Tempelweihfest im Frühjudentum

10,22 erwähnt das Johannesevangelium noch ein weiteres Fest, das Tempelweihfest (egkainia, hebr. chanukka, d.h. Weihe), das sonst im NT nicht genannt wird. Das Tempelweihfest begann am 25. Kislew (im Dezember) und dauerte acht Tage. Es diente dem dankbaren Gedenken der Wiedereinweihung des Tempels im Jahre 164 v. Chr. durch Judas Makkabäus nach der Entweihung von Tempel und Altar durch Antiochus IV. Ephiphanes (vgl. 1 Makk 4,36–59). 2 Makk 1,9 wird das Tempelweihfest als »das Laubhüttenfest des Monats Kislew« bezeichnet; denn es wurde noch mehr als das Laubhüttenfest durch die nächtliche Beleuchtung ausgezeichnet. Josephus Flavius bezeichnet das Tempelweihfest dann als »Lichterfest« (Ant XII 325).

5.2 Das Tempelweihfest im Johannesevangelium

Joh 10,22 wird das Tempelweihfest zutreffend in der kalten und regnerischen Winterzeit angesetzt. Nach V.23 hält sich Jesus im Tempel in der Säulenhalle Salomos auf, die Schutz vor den kalten Ostwinden gewährte. Jesus ist zum letzten Mal im Tempel, und die Juden drängen darauf, daß er sich offen als Messias bekennt. Jesus aber verweist auf frühere Aussagen und ihren Unglauben, auf die Werke, die für ihn Zeugnis ablegen, auf seine Schafe, die auf seine Stimme hören und ihm vom Vater gegeben sind, mit dem er eins ist (10,25–30). Die Juden werten den Basissatz johanneischer Theologie und Christologie in der Mitte des Johannesevangeliums[26] »Ich und der Vater sind eins« (V.30) als Gotteslästerung.

Jesus verteidigt sich erneut, verweist nochmals auf die Werke und die Schrift zur Legitimierung seiner Stellung als Sohn Gottes und schließt mit einem zweiten christologischen Spitzensatz: »In mir der Vater und ich im Vater« (V.38). Durch diese beiden Zielaussagen johanneischer Theologie und die Reaktion der Gegner wird die Antwort Jesu auf ihre Anfrage in zwei Teile gegliedert (10,25–30.31–39).

Im ersten Teil der Antwort Jesu wird auffallend mit dem Hinweis auf die Schafe die Hirtenrede von Joh 10,1–21 nochmals aufgenommen. Diese Hirtenrede mit ihren Anklängen an Ez 34 und 37,15–28 erweist Jesus gerade als den wahren Messias des Volkes Gottes, der sein Volk sammelt, auf die Weide des Lebens führt und sogar sein Leben für die Schafe hingibt. Die Gegner aber gehören nicht zu den Schafen Jesu, weil sie nicht an seinen Auftrag und seine Sendung von Gott glauben und nicht auf seine Stimme hören. Sie erkennen Jesus nicht als den an, »den der Vater geheiligt und in die Welt gesandt hat«, als Gottes Sohn (10,36).

Die Gegner Jesu gehören nach dem Johannesevangelium nicht zu den Schafen des Messias, zum Volk Gottes, das er sammelt, das ihm glaubend nachfolgt und so ewiges Leben findet. Sie wollen ihn beseitigen; Jesus aber verläßt den Tempel endgültig, und mit ihm zieht auch die christologisch vermittelte Gegenwart Gottes aus dem Tempel aus[27]. Am Fest der Tempelweihe wird der Tempel im Weggang Jesu von der christologisch vermittelten Gegenwart Gottes in Jesus verlassen. Es bleibt zunächst allein die gnädige Zuwendung Gottes zu Israel im Tempel, und dies bis zu dessen Zerstörung.

Diese Sicht, daß Jesus als mit der Gegenwart Gottes im Tempel vergleichbar gesehen wird und er als Person den Tempel nach dessen Zerstörung durch die Römer ersetzt, hat das Johannesevangelium bereits zuvor durch

vielfältige Aussagen vorbereitet. Schon nach dem Prolog (1,1–18) ist Jesus Christus bereits vor der Inkarnation als Logos Leben und Licht der Menschen, das in der Finsternis leuchtet, jedoch nicht erfaßt wird (1,4f). Johannes der Täufer aber legt für das Licht Zeugnis ab (1,6–8); es erleuchtet als wahres Licht jeden Menschen und wird dennoch nicht aufgenommen (1,9–11). Jene aber, welche ihn aufnehmen (1,12f), erkennen und bekennen in ihm den fleischgewordenen Logos und die Herrlichkeit Gottes (1,14). Die Aussage vom Zelten des Logos und vom Sichtbarwerden seiner Herrlichkeit (1,14) ist ganz auf dem Hintergrund der Einwohnung der Gegenwart Gottes im Tempel (Offenbarungszelt) und der Ausstrahlung seiner Herrlichkeit von diesem Ort her formuliert. Der inkarnierte Logos ist demnach der Tempel Gottes in dieser Welt.
Und der Auferstandene tritt an die Stelle des zerstörten Jerusalemer Tempels als himmlischer Ort von Gottes Leben und Heil wirkender Gegenwart (2,18–22).
Die alte Streitfrage zwischen Samaritern und Juden um den Ort der Anbetung Gottes verliert so ihre Bedeutung (4,19–24). Im Blick auf die Vergangenheit ist zwar der Tempel Jerusalems der legitime Kultort (V.22), im Blick auf die Zukunft Gottes, die in Jesus Christus bereits gegeben ist, wird der Vater weder auf dem Garizim noch auf dem Zion, sondern im Geist und in der Wahrheit angebetet. Diese Möglichkeit ist nach dem Johannesevangelium durch den Tod und die Erhöhung Jesu am Kreuz bereits erschlossen. Dennoch behält der Tempel seine Funktion als Ort der Gegenwart Gottes für sein Volk wohl bis zur Tempelzerstörung. Die Gegenwart Gottes hat bis dahin gleichsam zwei Pole, den Tempel zu Jerusalem und Jesus. Mit der Zerstörung des Tempels im Jahre 70 n. Chr. durch die Römer verliert der Tempel definitiv seine Bedeutung, nun auch für die Juden.
Da das vierte Evangelium nach Meinung der großen Mehrheit der Fachleute nach der Tempelzerstörung entstanden ist, dürfte seine Einschätzung des Tempels von Jerusalem und Jesu als den beiden »Orten« der Gegenwart Gottes gerade auch die Erfahrung der Zerstörung des Tempels reflektieren, der damit als Ort der Gegenwart Gottes entfällt. Die Gegenwart Gottes wird nun ganz in Jesus Christus konzentriert vorgestellt, der so besonders judenchristlichen Adressaten als endgültiger Heilsort angeboten wird. Er ist nun der himmlische Tempel Gottes, der nicht mehr zerstört oder von Menschen entweiht werden kann, der bleibende Ort der Gegenwart Gottes für die an ihn Glaubenden, der für immer Gott geweiht und geheiligt ist durch seine Sendung in die Welt, durch Tod und Auferstehung.

6. Zusammenfassung zum Sinn der Feste im Johannesevangelium

Rückblickend soll vereinfachend die christologische Note der im Johannesevangelium erwähnten Feste zusammenfassend dargestellt werden. Bei der Hochzeit zu Kana (2,1–11) wird in der Fülle des Weines, durch die der

König Israels im ersten Zeichen seine Herrlichkeit offenbart, der Beginn der messianischen Heilszeit sichtbar. Die drei erwähnten Paschafeste (2,13ff; 6,4ff; 11,55ff) halten den Bezug zum rettenden Handeln Gottes im Exodus aus Ägypten fest und vollenden Gottes Heilshandeln im heilvollen Sterben Jesu, der als endzeitliches Paschalamm die Sünde der Welt wegnimmt und in der Auferstehung zum bleibenden Ort der lebenspendenden Gegenwart Gottes wird.

Am 5,1ff nicht näher bezeichneten Fest heilt Jesus am Sabbat einen Gelähmten. Jesu Bruch des Sabbats wird durch seine christologische Würde legitimiert, da der Sohn mit dem Vater wirkt und an dessen Stelle sogar Tote lebendig macht und richtet und darin den Sabbat und die Schöpfung vollendet.

Am Laubhüttenfest (Kap. 7f) kommt es zur Auseinandersetzung unter den Festteilnehmern, ob Jesus der Messias sei, wobei die Menge gespalten ist. Jesus offenbart sich am letzten Tag des Festes als Quelle des Lebens und als Licht der Welt, wodurch zwei bedeutende Riten des Festes christologisch gefüllt und überboten werden.

Am Fest der Tempelweihe (10,22–39), dem Laubhüttenfest im Monat Kislew, soll Jesus sich offen als Messias offenbaren. Jesus spricht in christologischen Spitzensätzen von seiner Einheit mit dem Vater und wird wegen dieser Aussage als Gotteslästerer abgelehnt. Jesus verläßt endgültig den Tempel, und mit ihm entfernt sich auch die christologisch vermittelte Gegenwart Gottes vom Tempel, womit der tempellose Gottesdienst nach der Tempelzerstörung vorbereitet wird. Jesus ist nun der geweihte »Ort« heilvoller Gegenwart Gottes für die an ihn Glaubenden.

Das Johannesevangelium wird im Unterschied zu den synoptischen Evangelien ganz wesentlich durch Feste des jüdischen Kalenders bestimmt. Diese Feste haben für den Verfasser hohe Bedeutung, werden im Ansatz positiv aufgenommen und durch die christologische Heilsansage für die Adressaten des vierten Evangeliums zum Ziel geführt. Da die Mehrheit der Juden diese Neuausrichtung und Vollendung ihrer Feste im Wirken Jesu aber nicht teilt, werden sie mehrfach als Feste der Juden bezeichnet. Damit werden sie beim Festgehalt des zeitgenössischen Judentums belassen, das sich der Verkündigung Jesu nicht geöffnet hat. Für die Jesusanhänger und -anhängerinnen dagegen, besonders jene aus dem Judenchristentum, bieten diese Feste in ihrer Vollendung in Jesus Christus einen Überschuß an Heilsbedeutung, der mit der jüdischen Wurzel und dem ursprünglichen Sinn dieser Feste für immer verbunden bleibt. Für die Adressaten des Johannesevangeliums hat Jesus als Messias Israels auch die Verheißungen der Feste seines Volkes erfüllt und zu einem Ziel geführt, das bei seinem endzeitlichen Kommen vollendet wird.

E. Christus als der Hohepriester der endgültigen Versöhnung (Hebr 9,1ff)

1. Der Versöhnungstag im Judentum

Eine ganze Reihe von Aussagen in Hebr 9,1ff bezieht sich auf den Versöhnungstag, der auf alttestamentlicher Grundlage (vgl. Lev 16; 23,26–32; Num 29,7–11) im Frühjudentum bis zur Zerstörung des Tempels gefeiert wurde und bis in die Gegenwart in gewandelter Form begangen wird. Der Versöhnungstag wurde am 10. Tischri (September/Oktober), zehn Tage nach dem Neujahrsfest und fünf Tage vor dem Laubhüttenfest unter Arbeitsverbot und Fasten gefeiert. Er diente als großer Tag des Bekenntnisses von Sünde und Schuld der Sündenvergebung Israels durch Gott, die unter Opfer und Riten am Tempel durch den Hohenpriester vollzogen wurde. Dies war die Gelegenheit, bei der der Hohepriester einmal im Jahr das Innerste des Tempels betrat; er brachte ein Rauchopfer dar und besprengte die Deckplatte der Bundeslade mit dem Blut eines geopferten Stiers und Ziegenbocks, um für die Priesterschaft und ganz Israel Tilgung der Sünden zu erwirken. Abschließend wurden die Sünden des Volkes durch das Aufstemmen der Hände auf einen Ziegenbock übertragen und dieser in die Wüste gejagt.

2. Der Versöhnungstag in Hebr 9

Verschiedene Elemente des Versöhnungstages werden in Kap. 9 des Hebräerbriefes angesprochen, so Vorschriften über die Ausstattung des Heiligtums und des Allerheiligsten (V.1–5), der jährliche Gang des Hohenpriesters in das Allerheiligste mit Opferblut (V.7), weiter auch das Blut von Böcken und Stieren, hier auffallend ergänzt durch die Asche der (roten) Kuh (vgl. Num 19), welche Unreinheit beseitigt (V.13).
Allerdings führt der Verfasser des Hebräerbriefes diese Details des Versöhnungstages und andere kultische Anordnungen und Einrichtungen des Tempels nicht an, um ihre bleibende Bedeutung und Geltung hervorzuheben. Vielmehr sieht er in ihnen Sinnbilder (V.9), die je nach Zusammenhang auf Positives oder Negatives hinweisen und dementsprechend überboten oder aufgehoben werden, und zwar durch das Wirken Christi. Dabei wird Christus in überbietender Weise als endzeitlicher Hoherpriester vorgestellt, der allerdings weder in das irdische Heiligtum eintritt noch Gott das Blut von Opfertieren darbringt. Vielmehr hat er das vollkommene himmlische Zelt durchschritten und ein für allemal durch sein eigenes Blut ewige Erlösung bewirkt (V.11f). Diese ewige Erlösung aber schafft nicht nur eine äußere, rituelle Reinheit der Glaubenden, sondern

reinigt ihr Gewissen von toten Werken und macht sie fähig zum wahren Gottesdienst (V.13f).
Christus wird hier also ganz im Lichte seines Todes als Hoherpriester gesehen, der nun allerdings nicht mit fremden Opfern das Allerheiligste betritt. Vielmehr erwirkt er aufgrund seines Selbstopfers, seiner Hingabe am Kreuz, ewige Erlösung, die zugleich auch alle vergangenen Opfer erfüllt und aufhebt, so daß sie nur noch ein Schatten des Heiles sind, das Christus ein für allemal erwirkt hat. Die ewig bleibende Bedeutung der Kreuzeshingabe Christi kommt nach dem Hebräerbrief darin zum Ausdruck, daß er als der Gekreuzigte nun zu Gott erhöht ist und an dessen Allmacht teilhat (1,3; 8,1; 10,12; 12,2). Ähnlich wie das Johannesevangelium sieht der Verfasser des Hebräerbriefes das Kreuz Christi mit dessen Erhöhung zusammen; der präexistente Sohn und Gesandte des Vaters geht über das Kreuz in die himmlische Welt Gottes ein, wo er bleibend für die Glaubenden eintritt und ihnen Versöhnung und Erlösung gewährt (7,25; 9,24). »Wie der irdische Hohepriester am großen Versöhnungstag das irdische Heiligtum betritt, so geht Christus in das himmlische Heiligtum ein. Karfreitag und Himmelfahrt werden zum großen Versöhnungstag des Christentums und rückschauend zu einer Einheit zusammengezogen.«[28]
Von daher ist es auch verständlich, daß der im Frühjudentum so wichtige Versöhnungstag im Neuen Testament weiter keinen deutlichen Niederschlag gefunden hat (vgl. Apg 27,9 als Kalendertermin) und im Verlauf der Geschichte der Kirche auch nicht als eigener Festtag ausgezeichnet worden ist. Der Grundgehalt der durch Christus in Kreuz und Erhöhung erwirkten ewigen Erlösung ist im Paschamysterium von Tod und Auferstehung/Erhöhung Jesu aufgehoben und kommt darin angemessen zur Geltung. Der Gehalt des jüdischen Versöhnungstages ist so in gewandelter christologischer Gestalt in das zentrale Paschamysterium der christlichen Kirche eingegangen.

F. Rückblick und Ausblick

1. Sabbat und Sonntag

Der *Sabbat* ist als Ruhetag und Tag des Gedenkens an Gottes befreiendes Handeln im Exodus auch in den Evangelien von Bedeutung. Nach ihnen nutzt Jesus diesen Tag zur Verkündigung des Evangeliums in den Synagogen, kommt dabei aber auch mehrfach in Konflikt mit engherzigen Gegnern pharisäischer Herkunft, besonders infolge seiner Wunderwirksamkeit. Während Jesus den Sinn des Sabbattages gerade durch seine Wundertaten in Heilung und Befreiung von Menschen sichtbar machen will, werten pharisäische Gegner sein Tun als Grenzüberschreitung des am Sabbat Erlaubten. Jesus aber rechtfertigt sich unter Hinweis auf die übliche Praxis im Blick auf Tiere und Menschen an diesem Tag. Die heilende Macht der Herrschaft Gottes soll gerade Kranken und Gebeugten am Sabbat zeichenhaft zugute kommen und der Integrität ihres Lebens dienen.

Jesus hat den Sabbat nicht mutwillig gebrochen, sondern ihn durch seine Verkündigung vom Reich Gottes und Heilungswunder zeichenhaft zur Vollendung geführt. Nach dem Johannesevangelium wirkt Jesus gerade am Sabbat in der Einheit mit dem Vater Wundertaten, welche seine christologische Hoheit zeichenhaft sichtbar machen: Er richtet einen Gelähmten auf, wie er Tote auferwecken wird, und schenkt einem Blindgeborenen das Augenlicht, wodurch dieser zur Erkenntnis des Menschensohnes findet.

Judenchristliche Gemeinden werden den Sabbat im Geist Jesu weiter gefeiert und daneben auch den *Sonntag oder Herrentag* durch einen Gottesdienst begangen haben; einen sonntäglichen Gottesdienst feierten besonders auch heidenchristliche Gemeinden. Mit Bezug auf heidenchristliche Gemeinden aber hat Paulus sich dagegen ausgesprochen, daß ihnen die Einhaltung der Sabbatverpflichtungen auferlegt wird. Der erste Tag der Woche oder Herrentag spielt im Neuen Testament insgesamt noch eine geringe Rolle; er wird aber gerade am Schluß der Evangelien durch Erscheinungen des Auferstandenen ausgezeichnet und damit als Tag der Auferstehung Jesu und der Sendung der Jünger und Jüngerinnen als Zeugen des gekreuzigten und von Gott auferweckten Herrn herausgehoben.

Sabbat und Sonntag sollten in der Gegenwart in ihren ergänzenden Aspekten gesehen werden. Auch der Sabbat ist dem christlichen Gedenken aufgegeben. Die Schöpfung Gottes und der Exodus seines Volkes aus der Knechtschaft werden in der Auferstehung Jesu als des Anführers zum Leben für alle vollendet.

2. Pascha und Ostern

Die *Paschafeier* diente dem Gedenken der Befreiung Israels aus der Knechtschaft Ägyptens und ließ die Teilnehmer die rettende Tat Gottes erneut erfahren. Nach den synoptischen Evangelien beging Jesus mit den Jüngern das Paschamahl in der Nacht zu Beginn des 15. Nisan, nach dem Johannesevangelium starb Jesus am Nachmittag des 14. Nisan zur Zeit der Schlachtung der Paschalämmer im Tempelvorhof. Diese Differenz erscheint unter historischen Gesichtspunkten momentan kaum lösbar, theologisch wird in beiden Ausformungen die Bedeutung des Paschafestes als Todesdatum Jesu herausgestellt. Jesus stirbt als das endzeitliche Paschalamm, das die Sünde der Welt wegnimmt (Johannesevangelium), und gibt sich selbst den Seinen im letzten Mahl in Brot und Wein anstelle des Paschalammes im Rahmen der nächtlichen Paschafeier (Synoptiker).
Das Paschafest erhält so für judenchristliche Gemeinden die zusätzliche Note eines Gedächtnisses des stellvertretenden Sterbens Jesu im Blick auf die Auferstehung und die Erfüllung im Reich Gottes. So vollendet sich das befreiende Handeln Gottes im Exodus für die christliche Gemeinde.
Am dritten Tag wendet Gott das Todesgeschick in der Auferweckung des Christus »gemäß den Schriften« (1 Kor 15,4), was in vielfältigen Bekenntnisaussagen von der Auferweckung des Gekreuzigten variiert wird. Festdatum und Inhalt der *Osterverkündigung* bleiben eng mit dem Tod Jesu verbunden und werden wohl anfänglich in der Einheit des Paschamysteriums von Tod und Auferstehung Jesu gefeiert. Erst eine zunehmende Historisierung ab dem 4. Jahrhundert isoliert Ostern stärker zum Fest der Auferstehung. Demgegenüber ist mit der liturgischen Erneuerung im 20. Jahrhundert die ursprüngliche Zusammengehörigkeit von Tod und Auferstehung Jesu zu betonen. Die Befreiung des Exodus wird in der Erlösung von Sünde und im Sieg über den Tod im gekreuzigten und auferstandenen Christus vollendet.

3. Festimpulse aus dem lukanischen Doppelwerk

Im lukanischen Doppelwerk (Lukasevangelium, Apostelgeschichte) liegen mehrere Aussagen und Texte vor, die zur späteren Ausformung kirchlicher Feste besonders ab dem 4. Jahrhundert beigetragen haben.
So wird am Ende des Lukasevangeliums und am Beginn der Apostelgeschichte von der *Erhöhung/Entrückung Jesu* als Abschluß seines irdischen Wirkens erzählt. In dieser Weise wird die Bekenntnisaussage über die Erhöhung des Auferstandenen zur Rechten Gottes in ihrem Anfangsstadium gleichsam sichtbar gemacht, während das Ende des Wirkens des irdischen Jesus zu einem eindrücklichen Abschluß findet. Die Apostel empfangen den Segen des scheidenden Herrn und werden als Zeugen des irdischen Wirkens Jesu und der Erscheinungen des Auferstandenen gesehen. Durch

die Ausweitung der Erscheinungszeit auf 40 Tage wird in der Apostelgeschichte die Bedeutung der Apostel als Zeugen des Auferstandenen noch verstärkt und zugleich eine zeitliche Zäsur hervorgehoben, die später zur Ansetzung eines Festdatums für Christi Himmelfahrt genutzt werden konnte.

Im 2. Kap. der Apostelgeschichte wird die Erfahrung des Wirkens des Geistes Gottes an der Gemeinschaft der Jesusjünger auf das *Wochenfest* am 50. Tag nach dem Paschafest in Jerusalem festgelegt. Alle Jesusanhänger werden vom Heiligen Geist erfüllt und beginnen in anderen Sprachen zu reden, so daß Juden aus allen Völkern zu Zeugen des endzeitlichen Wirkens des Geistes werden. Petrus deutet dieses Geschehen in einer ersten Rede vor dem Volk und führt es auf die Ausgießung des Geistes durch den erhöhten Herrn zurück.

Die Ansetzung dieses Geschehens am Wochenfest ist wohl nicht zufällig und äußerlich, da das Wochenfest in einzelnen Kreisen des Frühjudentums bereits als Fest der Bundeserneuerung gefeiert wurde. In dieser Perspektive ist auch die Ausgießung des Geistes über alles Fleisch zu verstehen. So lag es relativ nahe, daß ab dem 4. Jahrhundert im Anschluß an Apg 2 das Pfingstfest am fünfzigsten Tag nach Ostern gefeiert wurde.

In der Vorgeschichte des Lukasevangeliums findet sich eine eindrückliche Erzählung über die *Geburt Jesu* in Betlehem, der Stadt Davids (Lk 2,1–20). Hier wird dem ganzen Volk als Retter der Messias und Herr geboren, der als wirklicher Spender des Friedens Gottes Augustus weit überragt. Ausgehend von der Kirche Roms wurde die Geburt Jesu ab dem 4. Jahrhundert als Weihnachtsfest am 25. Dezember gefeiert und damit die Feier des heidnischen Festes des unbesiegbaren Sonnengottes an diesem Datum verdrängt.

Die *Verkündigung der Geburt* des Messiaskindes an Maria (Lk 1,26–38) betont die Würde des Kindes in seiner Bestimmung als Sohn Gottes und Messias Israels und auch die wunderbare Zeugung des Kindes durch die Kraft des Heiligen Geistes. Die Szene ist im Blick auf die Geburt Jesu zu lesen; beide Erzählungen heben die Bedeutung des Kindes als Messias Israels in Entsprechung zur alttestamentlichen Verheißung hervor. Als kirchliches Fest wird die Verkündigung an Maria seit dem 6./7. Jahrhundert am 25. März gefeiert.

Lk 2,21 erwähnt kurz die *Beschneidung und Namensgebung Jesu*. Mit der Beschneidung wird ein wichtiges Bundeszeichen aufgenommen und Jesus dem Volk der Verheißung zugeordnet, das er im Auftrag Gottes retten soll. Gerade der Name Jesus macht deutlich, daß sein Träger zum Retter des Bundesvolkes bestimmt ist. Als Fest der Beschneidung des Herrn wird dieser Anlaß erst ab dem 6. Jahrhundert am 1. Januar gefeiert.

Die Szene von der *Darstellung Jesu* im Tempel (Lk 2,22–40) hebt erneut die zukünftige Bedeutung des Kindes als Messias Israels und der Völker und als Befreier Jerusalems hervor, welche die prophetischen Figuren Simeon und Hanna bekunden. Als kirchliches Fest ist die Darstellung des

Herrn zuerst um 400 in Jerusalem bezeugt, in Rom wird es dann ab dem 7. Jahrhundert am 2. Februar gefeiert.
Die Erzählung vom *zwölfjährigen Jesus im Tempel* (Lk 2,41–52) hebt die Weisheit des zwölfjährigen Kindes hervor und seine besondere Beziehung zu Gott, mit dem er am Ort seiner Gegenwart mehr als mit den eigenen Eltern verbunden ist. Die Szene spielt im Rahmen einer Wallfahrt zum Paschafest und kennzeichnet das Fest indirekt »als Lernort des Glaubens« (Heinz-Josef Fabry). Die letzten beiden Szenen der Vorgeschichte des Lukasevangeliums (2,22–40.41–52) machen auch auf die Bedeutung des Tempels als Ort der besonderen Gegenwart Gottes im lukanischen Doppelwerk aufmerksam.
Rückblickend ist hervorzuheben, daß das lukanische Doppelwerk sieben Texte enthält, die in der späteren Kirche ab dem 4. Jahrhundert so verstanden wurden, daß sie zum Anlaß kirchlicher Feste wurden. Ein solches Verständnis war in keiner Weise zwingend, es ist wohl Ausdruck des Bedürfnisses späterer Zeiten, sich wichtige Ursprungsgeschehnisse zu vergegenwärtigen und sie liturgisch zu begehen. Außerdem spielt eine gewisse Historisierungstendenz eine Rolle, welcher folgend die ursprüngliche Einheit zunehmend in aufeinanderfolgende Teile zerlegt wurde, wie dies gerade auch bezüglich Karfreitag, Ostern und Pfingsten zu beobachten war.
Dennoch ist auch zu betonen, daß die Tendenz zur Aufgliederung verschiedener Feste bereits im lukanischen Doppelwerk grundgelegt, diesem also in seiner Anlage nicht fremd ist.
Der Verfasser des Doppelwerkes wird nicht ohne Grund auch als Historiker gesehen. Zudem ist es verständlich, daß gerade das Lukasevangelium mit seiner Betonung dankbarer Freude im Glauben, des Gebets und des Wirkens des Geistes am meisten zur Herausbildung kirchlicher Feste beigetragen hat. Bedenkt man außerdem noch, daß fünf Texte der Vorgeschichte des Lukasevangeliums entstammen, erweist sich gerade der Erzählkranz als besonders fruchtbar, der auch besonders tief in das Judenchristentum hinabreichen dürfte. Judenchristliche Erzähler haben die Herkunft Jesu und des Täufers auf dem Hintergrund alttestamentlicher Erzählungen so grundlegend bedacht, daß sie in späteren Zeiten Anlaß zur Festfreude werden konnten, da auch spätere Leser und Leserinnen das Wirken des Geistes Gottes am Anfang erneut erfahren durften.

4. Feste im Johannesevangelium

Das Johannesevangelium wird besonders stark durch Feste geprägt und bestimmt. Jesus reist mehrfach nach Jerusalem, um an großen Wallfahrtsfesten teilzunehmen und seine Botschaft zu verkündigen. So werden besonders drei Paschafeste erwähnt, am ersten und dritten begibt sich Jesus nach Jerusalem (2,13ff; 11,55ff), am zweiten geht er auf die andere Seite

des Sees von Galiläa und von dort nach Kafarnaum (6,4ff). Weiter reist er zum Laubhüttenfest nach Jerusalem (7,2ff) und hält sich dort zum Tempelweihfest auf (10,22ff). Außerdem wird 5,1ff von einem nicht näher gekennzeichneten Fest erzählt, zu dem Jesus nach Jerusalem hinaufzieht. Jesus weilt also nach dem Johannesevangelium an insgesamt fünf Festen in Jerusalem, was im Vergleich mit den synoptischen Evangelien besonders heraussticht, die nur von seiner Reise zum Todespascha erzählen (vgl. aber Lk 2,22–40.41–52). Zudem ist noch zu erwähnen, daß am Beginn des öffentlichen Wirkens Jesu das Fest der Hochzeit zu Kana steht (2,1–11).
Das Johannesvangelium ist so in wichtigen Teilen von Festen geprägt, die alle im Judentum verankert sind, auch wenn in den entsprechenden Erzählungen öfter eine Distanz oder gar Feindschaft von Führern der Juden gegenüber Jesus zum Ausdruck kommt. Wenn das Paschafest dreimal als »das Pascha der Juden« (2,13; 6,4; 11,55) bezeichnet wird, ist dies nicht als Abwertung des Paschafestes an sich zu werten, sondern als Ausdruck der Differenz des Paschafestes der christlichen Gemeinde zu dem der jüdischen Gemeinde, welche die Vollendung des Paschafestes in Christus ablehnt.
Insgesamt ist zu beobachten, daß die jüdischen Feste durch das Wirken und die Verkündigung Jesu einen erweiterten oder neuen christologischen Sinn bekommen, der sie nun grundlegend bestimmt. Die starke christologische Zentrierung des vierten Evangeliums macht sich auch und gerade in der Theologie der Feste bemerkbar, die durch Christus zur Vollendung geführt werden (vgl. dazu weiter bei D.6: Zusammenfassung zum Sinn der Feste im Johannesevangelium).
Diese Veränderung und Transformierung jüdischer Feste durch eine neue christologische Sinngebung ist im Rahmen vorausliegender Veränderungen des Festgehalts im Alten Testament und im Frühjudentum nicht aufsehenerregend. Sie entspricht vielmehr in gewissem Sinn der Logik der veränderten Zeit und Lage und zeugt auch von der Vitalität und Beweglichkeit des Glaubens wie der Gemeinschaft der Glaubenden, die als Träger hinter dem vierten Evangelium stehen. Daß gerade jüdische Feste aufgegriffen und transformiert werden, wird daraus verständlich, daß die Träger des Johannesevangeliums Judenchristen und auch viele ihrer Adressaten im Judenchristentum beheimatet waren. Für sie war es besonders wichtig, daß sie die Feste des Judentums so feiern konnten, daß sie in Christus ihre Vollendung und Erfüllung finden.
Diese Sicht macht aber auch verständlich, daß die Feste des Johannesevangeliums in der später mehrheitlich und dann praktisch ganz heidenchristlichen Kirche teils keine Zukunft hatten. Sie wurden zum Teil nicht weiter gefeiert, weil im Heidenchristentum die zugrundeliegende jüdische Wurzel nicht mehr verstanden oder gar verneint und bekämpft wurde. Nur das Paschafest und die Hochzeit zu Kana und vielleicht das Tempelweihfest wurden christologisch transformiert aufgenommen und mit Tod und Auferstehung Jesu (Pascha), der Fülle der beginnenden Heilszeit in

Christus (Kana) und eventuell der Gegenwart Gottes in Christus als dem Licht der Welt (Tempelweihfest; Weihnachtsfest) zusammengesehen.

5. Der Versöhnungstag nach Hebr 9

In Hebr 9 wird der Versöhnungstag aufgenommen, um Jesus auf dem Hintergrund des Handelns des Hohenpriesters in überbietender Weise als endzeitlichen Hohenpriester darzustellen, der das vollkommene himmlische Zelt durchschritten und ein für allemal durch sein eigenes Blut ewige Versöhnung bewirkt hat. Der für das Frühjudentum wichtige Versöhnungstag hat sonst im Neuen Testament keinen deutlichen Niederschlag gefunden. Der Gehalt des jüdischen Versöhnungstages ist aber in gewandelter christologischer Gestalt in das Paschamysterium der Kirche eingegangen.

6. Feste und Taten des Glaubens

Am Schluß der Ausführungen zu jüdischen und christlichen Festen im Neuen Testament ist es durchaus sinnvoll, auch auf eine Gefährdung hinzuweisen, der Glaubende gerade durch das Feiern von Festen ausgesetzt sind. Nach der Kritik einzelner alttestamentlicher Propheten besteht die Gefahr, daß Glaubende Feste feiern und darüber den Alltag und ihre Verpflichtung zum existentiellen Einsatz für Arme und Benachteiligte vergessen. Wer Feste des Glaubens feiert, der darf dies nicht gleichsam mit geschlossenen Augen und in Abkehr vom Alltag und den ethischen Verpflichtungen des Glaubens tun. Feste sollten die Glaubenden vielmehr sensibel und aufmerksam machen für die Nöte der Zeit und der Benachteiligten. Wer Feste auch zum Anlaß des Erbarmens und von Wohltaten an Benachteiligte und Arme nimmt, der handelt ganz im Sinn biblischen Glaubens.

Der Kolosserbrief mahnt uns, all unser Tun im Namen Jesu dankbar auf Gott auszurichten: »Und alles, was ihr tut, in Wort oder Werk, alles tut im Namen des Herrn Jesus, danket Gott, dem Vater, durch ihn« (Kol 3,17). In dieser christologischen Akzentsetzung und theozentrischen Ausrichtung sind Feiern des Glaubens und Taten des Glaubens untrennbar miteinander verbunden. Die wahre »Kunst« christlichen Lebens besteht darin, Feiern und Taten des Glaubens so bleibend miteinander zu verbinden, daß sie einander bereichern und fördern und das Fortschreiten im Glauben auf die Vollendung ermöglichen.

Dialog

Altes Testament

Ilse Müllner

Das Thema dieses Bandes läßt sich nicht auf intellektuelle Auseinandersetzung beschränken, sondern berührt zutiefst die Lebenspraxis der Menschen, die in den beiden in den biblischen Schriften verwurzelten Religionen leben. Die Rezeption der biblischen Festtexte zeigt sich weniger in der gedanklichen Beschäftigung, in Gesprächen und in Diskussionen von Juden/Jüdinnen und Christ/innen, sondern viel stärker in der liturgischen Praxis der religiösen Gemeinschaften. Praxis und Gemeinschaft sind die beiden wesentlichen Kategorien, in denen die Rezeption dieser Texte sichtbar wird. Nicht das, was einzelne TheologInnen als relevant erachten, sondern das, was die religiösen Gemeinschaften leben, ist der Bereich, an dem sich die Theologie messen muß.

In der Festpraxis werden Unterschiede zwischen Christentum und Judentum besonders deutlich. Das jüdisch-christliche Gespräch hat gezeigt, daß es neben den Unterschieden viele Gemeinsamkeiten zwischen den beiden Schwesterreligionen gibt. Die liturgische Praxis aber und von da hergeleitet die Alltagsgestaltung bis hin zur Zeitrechnung weisen deutlicher noch als das Gespräch auf bleibende Differenzen hin.

Der jüdische Festkalender begeht den Großteil der biblisch belegten Feste. Der Rückgriff der christlichen Tradition auf diese Feste ist in höherem Maß durch Brüche bestimmt, viele der biblische Feste werden gar nicht mehr gefeiert. Für ChristInnen ist eine Beschäftigung mit den alttestamentlichen Festen nicht in erster Linie eine Auseinandersetzung mit den Wurzeln der eigenen Praxis, sondern führt zur Begegnung mit dem Judentum, eine Begegnung, in der es um das Wahrnehmen von Gemeinsamkeiten *und* Unterschieden geht.

Insbesondere in Deutschland und in Österreich ist die jüdisch-christliche Begegnung durch das Fehlen von Alltäglichkeit geprägt. Die Beschäftigung mit den Festen Israels macht in diesen Ländern deutlich, daß das, was früher gängige Praxis war, heute aus Büchern und auf Tagungen gelernt werden muß. Im Hören auf jüdische Stimmen können ChristInnen etwas über den Festkalender als gelebten »Katechismus des Judentums« (Samson Raphael Hirsch) lernen, darüber, welche Nachgeschichte die Wurzeln der eigenen Religion in der Schwesterreligion entwickelt haben.

Von der christlichen liturgischen Praxis rückfragend stoßen wir zunächst auf einen grundlegenden Unterschied zwischen dem christlichen Festkalender und dem alttestamentlichen und jüdischen Festkalender. Wenn man von so etwas wie einer Mitte sprechen möchte, dann liegt diese im alttestamentlichen und jüdischen Festkalender in der Erinnerung wichtiger historischer Ereignisse des Volkes Israel, allen voran des Exodusereignisses. Der christliche Kalender ist auf das Christusereignis zentriert; wichtige Marksteine im

Leben Jesu Christi und in der Begegnung der Gemeinde mit dem auferweckten Christus werden im Kirchenjahr begangen. Im Christentum sind zwei Feste vom Alten Testament und der jüdischen Festpraxis Jesu und seiner JüngerInnen aufgenommen und neu interpretiert worden. Das Pessachfest wird mit dem Leiden, Sterben und der Auferweckung Jesu Christi zusammengebracht und im Osterfest aufgenommen. Abgesehen von der christlichen Wochentagsfestlegung stimmen Pessach und Ostern auch terminlich überein (Pessach am ersten Frühlingsvollmond; Ostern am Sonntag nach dem ersten Frühlingsvollmond). Das Pfingstfest, das die Sendung des Geistes begeht, läßt sich auf dem Hintergrund des Wochenfests und dem da begangenen Bundesgeschehen am Sinai interpretieren. Diese beiden Feste zeigen, wie sehr die christologischen Interpretationen der Ereignisse um den Juden Jesus auf dessen biblische Wurzeln angewiesen sind.

Ein drittes Fest kann vielleicht als Paradigma des christlichen Umgangs mit den alttestamentlichen Festen gelten. Der Schabbat wurde zwar – wie alle anderen jüdischen Feste – in den ersten judenchristlichen Gemeinden noch begangen. Zusätzlich wurde aber schon da der erste Tag der Woche als Herrentag gefeiert. Mit der Zeit löste der Sonntag als Herrentag den Schabbat ab, wobei erst das vierte Jahrhundert mit Konstantin das Hauptkennzeichen des Schabbat, nämlich die Arbeitsruhe, auf den Sonntag übertrug. Polemische Abgrenzungen vom Schabbat sind erst nachneutestamentlich belegt. Das Christentum übernimmt den Siebenerrhythmus vom Judentum; es übernimmt den Brauch, einen Tag in der so entstandenen Woche als Feiertag zu begehen; mit der Zeit überträgt es (wie etwa in den Katechismen) alttestamentliche Schabbataussagen auf den Sonntag.

Die Aufnahme und Umdeutung einiger alttestamentlicher Feste und die Nichtbegehung aller anderen führt uns heute im Kontext einer Hermeneutik, die sich um einen neuen Zugang zum Alten Testament bemüht, zu neuen Fragen. Wir sehen heute nicht nur, daß wir als ChristInnen die ZweitadressatInnen des Buches sind, das für uns das Alte Testament und für die Juden und Jüdinnen der TaNaCh ist, sondern auch, daß der genuin christliche Zugang nicht ausschließlich über das Neue Testament und über die christologische Interpretation alttestamentlicher Texte gehen kann. Das Konzept einer doppelten Leseweise[70] verlangt von ChristInnen, das Alte Testament zuerst ohne christologische Bezüge als Bibel Israels zu lesen und dann erst in einem zweiten Schritt den Weg über das Neue Testament mit all seinen intertextuellen Bezügen zu gehen, um das Alte Testament in diesem Horizont zu interpretieren. Auf diesem Hintergrund gehört das Thema der Feste zu den Themen, die uns als ChristInnen ganz besonders deutlich vor die Frage stellen, wie wir mit den Schriften des Alten Testaments umgehen, insbesondere mit den Weisungen der Tora. Denn hier geht es eben nicht um rein intellektuelle Anstrengung, sondern um die Praxis von Gemeinschaften.

Für ChristInnen gilt es, im Blick zu behalten, daß Jesus, seine Familie und seine JüngerInnen ganz selbstverständlich in die Riten des Judentums eingebunden waren, daß Beschneidung, Wallfahrt, Tempelweihfest zu deren Praxis gehörten. ChristInnen aus den Völkern ist die Erinnerung an die Glaubenspraxis des Juden Jesus aufgegeben. Nachfolge Jesu muß auf diesem Hintergrund auch heißen, vom lebendigen, nicht nur vom historischen Judentum zu lernen. ChristInnen können z.B. wahrnehmen, daß der familiäre Aspekt der alttestamentlichen Wallfahrtsfeste im Judentum in der Hochschätzung des Hauses als liturgischem Ort aufgenommen wird. Von einer solchen Beobachtung könnte der Impuls ausgehen, im christlichen Feiern die Hausgemeinschaft als Festgemeinschaft ernst zu nehmen, ihr liturgische und nicht nur folkloristische Funktion zu geben.

Vom Judentum zu lernen bedeutet aber nicht, daß ChristInnen heute einfach in den jüdischen Festkalender eintreten könnten, indem sie alttestamentliche Feste wieder feierten oder jüdische Riten begingen. Wenn etwa christliche Gemeinden einen Sederabend begehen, dann feiern sie ein zutiefst mit der jüdischen Identität verknüpftes Ritual. Es ist problematisch, mit Berufung auf die Nachfolge Jesu des Juden oder auf die theologische Nähe des Christentums zum Judentum einzelne genuin jüdische Riten in die christliche Festpraxis aufzunehmen. Ein solches Ignorieren historisch gewachsener Unterschiede zwischen Judentum und Christentum könnte in Bezug auf das Judentum als Enteignung verstanden werden; innerhalb des Christentums deckte es tieferliegende Auseinandersetzungen um christliche Tora-Praxis zu. Welche Beziehung haben ChristInnen dann aber zu den alttestamentlichen Festen?

Die Feste zunächst, denen alttestamentlich bezeugte Geschichte zugrunde liegt, sind auch für uns ChristInnen der Ort, um eben diese Geschichte als eigene Glaubensgeschichte zu erinnern. Der Auszug Israels aus Ägypten, die Gabe der Tora am Sinai, sind nicht *nur* Vorgeschichte des Osterereignisses und der Geistsendung; sie wollen auch an Ostern und Pfingsten für sich selbst gesehen und gefeiert werden. Die Erinnerung an das Exodusereignis hält zugleich die bleibende Verwiesenheit auf das Judentum wach und das Bewußtsein, daß wir als ChristInnen aus den Völkern nicht die ErstadressatInnen der Erzählungen sind. Auch jene Feste, die wir nicht mehr begehen, erinnern uns daran, daß wir bleibend mit dem Judentum verbunden sind. ChristInnen sind nicht nur auf das historische Israel angewiesen, dem wir den ersten Teil der christlichen Bibel verdanken, sondern ebenso auf das lebendige Judentum. Auch wenn die jüdische Geschichte nicht unsere ist, sind wir ihr trotzdem auf besondere Weise verpflichtet. Die Festinhalte der Feste, die das Christentum nicht mehr feiert, gehören auch für das Christentum zur erinnerungswürdigen Geschichte. Daß ChristInnen das nicht im Rahmen von Festen tun, daß diese Erinnerung nicht in den Lauf der Zeit eingeschrieben ist, bleibt eine Leerstelle. Sie verweist darauf, daß das Christentum weder den ungekündigten Bund Gottes mit Israel zu ersetzen vermag noch allein das Erbe des Alten Testaments/des TaNaCh tragen kann, sondern für die Verwirklichung der Weisung Gottes auf das Judentum und seine Tora-Praxis angewiesen ist.

Neues Testament

Peter Dschulnigg

1. Im alttestamentlichen Teil finden sich Ausführungen zu Sinn und *Bedeutung der Feste,* welche auch judenchristlich geprägtes Denken im Neuen Testament bestimmen und auf die ich deshalb hier gerne kurz verweise. Der Wandel in der Natur macht das Jahr erfahrbar. Eine agrarisch geprägte Gesellschaft erlebt die Jahreszeiten und die mit ihnen verbundenen Zyklen der Natur intensiv. Auch die biblischen Feste orientieren sich zunächst am Lauf des landwirtschaftlichen Jahres, sie werden dann aber zudem mit historischen Ereignissen verbunden. Indem die Feste die Zeit strukturieren und die religiöse Gemeinschaft Israels prägen, sind sie ein Element des Zusammenhalts und der Erfahrung über die eigene Generation hinaus sowohl in die Vergangenheit wie in die Zukunft. Die Feste bilden ein kulturelles Gedächtnis, durch das zentrale Heilsereignisse nicht der Vergessenheit verfallen, sondern immer erneut bedacht und vergegenwärtigt werden. Durch die Wiederholbarkeit im Jahreszyklus werden so einmalige historische Ereignisse und wichtige Gehalte dem Vergessen und dem Alltag entnommen und im Rahmen des Festes als heilige Zeit herausgehoben und lebendig erhalten. Freilich müssen die Riten und Symbole der Feste in den Erfahrungen der sich ändernden Zeiten plausibel und aussagefähig bleiben, wozu sie auch der Deutung bedürfen. Feste ermöglichen auch Distanz vom Alltäglichen und damit den Blick auf das Ganze und Umfassende menschlichen Lebens. Sie bieten so im Angesicht Gottes einen Schutzraum wahrer Humanität.

2. Die *drei großen Wallfahrtsfeste* Israels im Jahreskreis – Pascha, Wochenfest, Laubhüttenfest – sollen nochmals erinnert und in ihrer sich wandelnden Bedeutung vom Alten bis in das Neue Testament kurz beleuchtet werden.

a) Das *Paschafest* trägt auch den Namen Mazzotfest, wobei der Doppelname auf den zweifachen Ursprung des Festes hinweist. Zunächst ist es ein Frühlingsfest, das mit ungesäuerten Broten (Mazzot) in Verbindung steht. Später wird das Fest historisiert und mit dem Auszug Israels aus Ägypten verbunden, womit es auf das theologische Grunddatum Israels bezogen wird. Nach den Evangelien pilgert Jesus mit den Jüngern zum Paschafest; nach den Synoptikern feiert er es mit den Seinen in der Paschanacht des 15. Nisan, nach dem Joh stirbt Jesus bereits am Nachmittag des 14. Nisan zur Zeit der Schlachtung der Paschalämmer. Die beiden voneinander abweichenden Daten kommen dennoch im gemeinsamen Bezugspunkt des Paschafestes überein. Damit bleibt auch das christliche Osterfest mit dem jüdischen Paschafest verbunden, und es ist wahrscheinlich auch aus judenchristlichen Paschafeiern entstanden, die nach dem jüdischen Kalender begangen worden sind. Zum Grunddatum von Ostern gehört freilich das Bekenntnis, daß Gott Jesus von den Toten auferweckt hat (Röm 4,24; 8,11;

10,9; 1 Kor 6,14; 15,15; 2 Kor 4,14; Gal 1,1; Kol 2,12), das aber gerade in Analogie zum Bekenntnis Israels von der Befreiung aus Ägypten gebildet worden ist (Ex 16,6; Dtn 8,14; Jer 16,14; 23,7). Auch dies verweist nochmals auf denselben Ursprung der beiden Feste, wobei das Bekenntnis zur Auferweckung Jesu mit dem Leiden und Sterben Jesu am Kreuz und dem Gedenken der Befreiung Israels aus der Knechtschaft Ägyptens fest verbunden bleibt.

b) Das *Wochenfest* liegt sieben Wochen nach dem Paschafest und schließt die Getreideernte als Erntedankfest ab. Es wurde lange Zeit nicht historisiert und blieb ein agrarisches Fest. Erst im Frühjudentum wurde der Festgehalt in einzelnen Kreisen um einen heilsgeschichtlichen Aspekt erweitert, so im Jubiläenbuch und in Qumran. Das Wochenfest wurde hier zum Fest des Bundesgedenkens und der Bundeserneuerung. Diese Sicht dürfte auch hinter dem Bericht der Apostelgeschichte (Apg 2,1-13) stehen, den Lukas auf Pfingsten, den 50. Tag nach dem Paschafest, ansetzt. Mit der Sendung des Heiligen Geistes wird der Festinhalt der Bundeserneuerung endzeitlich erfüllt, nach der Rede des Petrus kommt darin die Verheißung des Propheten Joël von der Geistbegabung aller im Volk Gottes zum Ziel. Aber diese pneumatische Vollendung wird durch die Erhöhung Jesu zur Rechten Gottes ermöglicht, der die Gabe des Geistes Gottes über die Seinen ausgießt.

c) Das *Laubhüttenfest* im Herbst wurde als Erntedankfest für die Wein-, Obst- und Olivenernte begangen. Bezogen sich die Hütten ursprünglich wohl auf Einrichtungen für die Lese in Weinbergen und Olivenhainen, so werden sie später historisiert und mit den Hütten verbunden, welche Israel auf der Wüstenwanderung als Wohnung dienten. Im Neuen Testament beziehen sich zwei Kapitel des Johannesevangeliums (Joh 7f) auf dieses Fest und die mit ihm verbundenen Riten der Wasserspende und der festlichen Beleuchtung im Tempel. Dabei nimmt Jesus für sich in Anspruch, den Durst der an ihn Glaubenden für immer zu stillen und die ihm Nachfolgenden in das Licht des Lebens zu führen. So ist Jesus als Messias Israels Quelle des Geistes und Licht für die Welt und überbietet in dieser Weise das, was den Tempelbesuchern beim Laubhüttenfest verheißen wurde.

d) *Rückblickend* ist hervorzuheben, daß die drei großen Wallfahrtsfeste des Alten Testaments zunächst eine agrarische Sinnspitze hatten, diese aber durch einen heilsgeschichtlichen Bezugspunkt ergänzt wurden (beim Wochenfest erst nachbiblisch). Im Neuen Testament werden diese alttestamentlichen Bezüge aufgenommen und durch eine christologische Aussage vertieft, die bei Pfingsten allerdings im Wirken des Geistes Gottes als durch den erhöhten Herrn vermittelte Gabe erfahrbar wird. In christlicher Perspektive haben die drei Feste ein unterschiedliches Gewicht. Das christliche Pascha respektive Osterfest gehört ganz in das Zentrum des Glaubensvollzugs und ist in Tod und Auferstehung Jesu als Verlängerung und Vollendung der Befreiung Israels aus Ägypten zu verstehen. Das Pfingstfest nach Apg 2 hat pneumatische und ekklesiologische Auswirkungen und macht die Vollendung des Volkes Gottes im Geist sichtbar und erfahrbar. Das Laubhüttenfest nach Joh 7f dient der Christologie und ist darin in die christologischen Spitzenaussagen des vierten Evangeliums eingebettet, hat aber über das Johannesevangelium hinaus kaum Spuren einer Festgeschichte und Praxis hinterlassen.

3. Für die *Feste im Neuen Testament* und die Aussagen, die in der Kirche später als Voraussetzung und liturgische Grund- und Lesetexte aus dem Neuen Testament »festwirksam« wurden, gilt allgemein, daß sie über weite Strecken der christologischen Profilierung und Bewahrung dienen. Sie bedenken das irdische und himmlische Wirken Jesu Christi und das mit ihm zusammenhängende Heil der Glaubenden, das freilich auch im Geist und in der Kirche erfahrbar wird. So dienen alle Feste dem Gedenken des Herrn, bis er kommt, sie halten die durch ihn vermittelte Gnade und vorlaufende Vollendung wach und erneuern in den Glaubenden die Zuversicht in die noch ausstehende Vollendung, die sie mit Christus und dem Israel Gottes vor dem Antlitz des Ewigen vereinen wird.

Anhang

Anmerkungen

Altes Testament

1 Willi-Plein, Zeit, S. 150.
2 Sabbat, S. 9 f.
3 Lohfink, Arbeitswoche, pass.
4 Lohfink, Arbeitswoche, S. 117.
5 Willi-Plein, Zeit, S. 152.
6 TUAT 1, S. 247f.
7 Rendtorff, Entwicklung, S. 196.
8 Vgl. Berlejung, Geheimnis, S. 113.
9 Braulik, Frauen, S. 231f.
10 Fischer/Backhaus, Sühne, S. 51.
11 Willi-Plein, Tempel, S. 61.
12 Dohmen, Orte, S. 13–15.
13 Wick, Tempelgottesdienst, S. 11.
14 Trepp, Gottesdienst, S. 11.
15 Görg, Gott, S. 139.
16 Jacob, Exodus, S. 318.
17 Jacob, Exodus, S. 319.
18 Assmann, Gedächtnis, S. 201.
19 Staubli, Leviticus, S. 176.
20 Staubli, a.a.O., S. 78.
21 Stern, Feste, S. 208.
22 Rendtorff, Entwicklung, S. 195. Braulik, Lust, S. 100, bringt Dtn 26 und die Darbringung der Erstlingsfrüchte mit dem Hüttenfest in Zusammenhang.
23 So der Titel eines Aufsatzes von Georg Braulik (2000).
24 Braulik, Frau, S. 243.
25 Die sieben noahidischen Gebote sind nach rabbinischer Meinung: 1) Nicht morden 2) keine Götzenanbetung 3) kein Ehebruch und Inzest 4) kein Fleisch vom lebenden Tier 5) Gott nicht lästern 6) Schaffen von sozialen Ordnungen. Zu dieser Verbindung mithilfe der Gemara (Zahlensymbolik) s. Stern, Feste, S. 219f.
26 Fischer, Rut, S. 83–85.
27 Levinas, Vier Talmud-Lesungen, S. 31.
28 Fischer/Backhaus, Sühne, S. 11.
29 Nach Jürgens, Heiligkeit, S. 72.
30 Dieser Begriff wird im Anschluß an Fischer/Backhaus, Sühne, S. 51f anstelle der häufig gewählten Übersetzung »Sündopfer« gebraucht.
31 Jürgens, Heiligkeit, S. 81.
32 Jürgens, Heiligkeit, S. 99f.
33 Vgl. Fischer/Backhaus, Sühne, S. 52.
34 Janowski, Stellvertretung, S. 34f.
35 Jürgens, Heiligkeit, S. 91, im Anschluß an Bernd Janowski und Gernot Wilhelm.
36 Jürgens, Heiligkeit, S. 121.
37 Jürgens, Heiligkeit, S. 426.
38 Zit.n. Levinas, Vier Talmud-Lesungen, S. 25.
39 Staubli, Leviticus, S. 178.
40 Braulik, Frauen, S. 229.
41 Staubli, Leviticus, S. 179.
42 Noah, S. 172.
43 Stern, Feste, S. 132.
44 Zenger, Ester, S. 270.
45 Wiesel, Noah, S. 173.

[46] Wiesel, Noah, S. 174.
[47] Zenger, Ester, S. 273.
[48] Stern, Feste, S. 226.
[49] Philosophie, S. 420.
[50] Wick, Tempelgottesdienst, S. 13.
[51] Wick, Tempelgottesdienst, S. 20.
[52] Rendtorff, Opfertora, S. 180.
[53] Willi-Plein, Opfer, S. 171.
[54] Braulik, Frauen, S. 231, in Bezug auf die Kultpraxis in Schilo.
[55] S. Braulik, Lust, pass.
[56] Braulik, Frauen, S. 240.
[57] Braulik, Lust, S. 94.
[58] Übersetzung nach Braulik, Lust, S. 96.
[59] Braulik, Lust, S. 98.
[60] Kaiser, Kult, S. 403.
[61] Lehre für Merikare Z. 82–84; zit.n. Kaiser, Kult, S. 413.
[62] Kaiser, Kult, S. 414.
[63] Gedächtnis, S. 90.
[64] Assmann, Mensch, S. 16.25.
[65] Marquard, Philosophie pass.
[66] Assmann, Gedächtnis, S. 59.
[67] Greve, Entdeckungen, S. 123.
[68] Assmann, Gedächtnis, S. 101.
[69] Brandt, Endgestalten, S. 129.164.
[70] Christoph Dohmen, Das Alte Testament als Altes Testament verstehen. Konzept und Ziel einer Hermeneutik des Alten Testaments, in: ders./Günter Stemberger, Hermeneutik der Jüdischen Bibel und des Alten Testaments, Stuttgart 1996, S. 192–209.

Neues Testament

[1] Vgl. dazu B. Schaller, Jesus und der Sabbat (Franz-Delitzsch-Vorlesung. Heft 3), Münster 1994, 21f.
[2] H. Conzelmann, Der Brief an die Kolosser, in: J. Becker u.a., Die Briefe an die Galater, Epheser, Philipper, Kolosser, Thessalonicher und Philemon (NTD 8), Göttingen [14]1976, 176–202, hier 194.
[3] Zu Hebr 4,9 vgl. O. Hofius, EWNT[2] III (1992) 522f.
[4] E. Haag, Vom Sabbat zum Sonntag. Eine bibeltheologische Studie (TThSt 52), Trier 1991, 185.
[5] W. Baier, BL[2] (1968) 723.
[6] Zur Zahl der Pilger vgl. S. Safrai, Die Wallfahrt im Zeitalter des Zweiten Tempels (FJCD 3), Neukirchen-Vluyn 1981, 95–97.
[7] Vgl. A. Jaubert, La date de la cène. Calendrier biblique et liturgie chrétienne (EtB), Paris 1957; E. Ruckstuhl, Die Chronologie des letzten Mahles und des Leidens Jesu (BiBe.NF 4), Einsiedeln u.a. 1963; ders., Jesus im Horizont der Evangelien (SBAB 3), Stuttgart 1988, 101–184; ders., Jesus, Freund und Anwalt der Frauen. Frauenpräsenz und Frauenabwesenheit in der Geschichte Jesu, Stuttgart 1996, 150–162.
[8] Vgl. J. Blinzler, Der Prozeß Jesu, Regensburg [4]1969, 104–126; R.E. Brown, The Death of the Messiah. A Commentary on the Passion Narratives in the Four Gospels (AncB), 2 Bde., New York u.a. 1994, II 1366–1368; W. Bösen, Der letzte Tag des Jesus von Nazaret. Was wirklich geschah, Freiburg u.a. [3]1995, 76–83.
[9] M. Karrer, Jesus Christus im Neuen Testament (GNT 11), Göttingen 1998, 104 (bei Karrer kursiv).
[10] Vgl. L. Goppelt, Der Erste Petrusbrief, hg. v. F. Hahn (KEK 12/1), Göttingen 1978, 122f.
[11] Vgl. zu B. 2. und 3. besonders G. Visonà, TRE XXV (1995) 517–527.
[12] G. Visonà, TRE XXV (1995) 526.
[13] G. Schneider, Die Apostelgeschichte. I. Teil (HThK 5/1), Freiburg u.a. 1980, 205.

14 J. Roloff, Die Kirche im Neuen Testament (GNT 10), Göttingen 1993, 209.

15 Vgl. dazu und zu den folgenden Ausführungen R. Pesch, Das Weihnachtsevangelium (Lk 2,1–21). Literarische Kunst – Politische Implikationen, in: ders. (Hg.), Zur Theologie der Kindheitsgeschichten. Der heutige Stand der Exegese, München-Zürich 1981, 97–118.

16 Die Geburt Jesu aus der Jungfrau Maria durch das Wirken des Heiligen Geistes wird im NT nur Lk 1,26–38 und Mt 1,18–25 bezeugt.

17 D. Zeller, Die Ankündigung der Geburt – Wandlungen einer Gattung, in: R. Pesch (Hg.), Zur Theologie der Kindheitsgeschichten (s. Anm. 15), 27–48, hier 43f.

18 H. Auf der Maur, Feiern im Rhythmus der Zeit. I: Herrenfeste in Woche und Jahr (GDK 5,1), Regensburg 1983, 193.

19 G. Schneider, EWNT² II (1992) 443.

20 Vgl. A. Adam, LThK³ II (1994) 310.

21 Vgl. H.-J. Fabry, LThK³ III (1995) 1252.

22 Vgl. J. Kremer, Lukasevangelium (NEB.NT 3), Würzburg 1988, 44.

23 Vgl. zu den folgenden Ausführungen F. Nikolasch, LThK³ III (1995) 720–722; H. Auf der Maur, Feiern im Rhythmus der Zeit. I (s. Anm. 18) 154–165; U. Luz, Das Evangelium nach Matthäus. 1. Teilband (EKK I/1), Zürich u.a./Neukirchen–Vluyn 1985, 122–124.

24 Vgl. A. Angerstorfer, NBL II (1995) 591.

25 Vgl. zum Laubhüttenfest im Joh-Ev weiter P. Dschulnigg, Rabbinische Gleichnisse und das Neue Testament. Die Gleichnisse der PesK im Vergleich mit den Gleichnissen Jesu und dem Neuen Testament (JudChr 12), Bern u.a. 1988, 479–482.

26 Vgl. U. Schnelle, Das Evangelium nach Johannes (ThHK 4), Leipzig 1998, 182.

27 Vgl. zu einer deutlicheren ähnlichen Aussage Mt 23,37–39 und dazu P. Dschulnigg, Rabbinische Gleichnisse und das Neue Testament (s. Anm. 25), 276f. Auch nach dem Mt-Ev verläßt Jesus nach dieser Szene den Tempel endgültig (vgl. Mt 24,1). Im Joh-Ev stehen 2,13–22 (Tempelreinigung) als erster Aufenthalt Jesu im Tempel und 10,22–39 (Tempelweihe) als letzter Tempelaufenthalt Jesu einander gegenüber. Der von seinen Gegnern abgelehnte und verworfene Jesus wird der »Ort« der neuen und bleibenden Gegenwart Gottes sein, der gereinigte und für immer Gott geweihte Tempel.

28 O. Michel, Der Brief an die Hebräer (KEK), Göttingen ¹²1966, 309.

Literaturverzeichnis

Altes Testament

Assmann, Jan, Das kulturelle Gedächtnis. Schrift, Erinnerung und politische Identität in frühen Hochkulturen, München 1992.

Assmann, Jan, Der zweidimensionale Mensch: das Fest als Medium des kollektiven Gedächtnisses, in: Ders./Theo Sundermeier, Das Fest und das Heilige. Religiöse Kontrapunkte zur Alltagswelt (Studien zum Verstehen fremder Religionen 1), Gütersloh 1991, S. 13–30.

Basnizki, Der jüdische Kalender. Entstehung und Aufbau, Frankfurt/M. 1998.

Ben Chorin, Schalom, Narrative Theologie des Judentums anhand der Pessach-Haggada, Tübingen 1985.

Berlejung, Angelika, Geheimnis und Ereignis. Zur Funktion und Aufgabe der Kultbilder in Mesopotamien, in: JBTh 13 (1998), S. 109–143.

Brandt, Peter, Endgestalten des Kanons. Das Arrangement der Schriften Israels in der jüdischen und christlichen Bibel (BBB), Berlin u.a. 2001.

Braulik, Georg, Überlegungen zur alttestamentlichen Ostertypologie, in: ALW 35/36. Jg. (1993/94), S. 1–18.

Braulik, Georg, Durften auch Frauen in Israel opfern? Beobachtungen zur Sinn- und Festgestalt des Opfers im Deuteronomium, in: LJ 48 (1998), S. 222–248.

Braulik, Georg, Von der Lust Israels vor seinem Gott. Warum Kirche aus dem Fest lebt, in: Isidor Baumgartner u.a. (Hg.), Den Himmel offen halten. Ein Plädoyer für Kirchenentwicklung in Europa (FS Paul M. Zulehner), Innsbruck/Wien 2000, S. 92–112.

Dohmen, Christoph, Orte der Bibel. Geschichten, Entdeckungen, Deutungen, Stuttgart 1998

Dohmen, Christoph, »Der siebte Tag soll ein Sabbat sein«, in: Welt und Umwelt der Bibel, 5. Jg., H. 17 (2000), S. 43–47.

Fischer, Irmtraud, Rut (HThK.Altes Testament), Freiburg/Br. 2001.

Fischer, Georg/Backhaus, Knut, Sühne und Versöhnung. Perspektiven des Alten und Neuen Testaments (NEB.Themen 7), Würzburg 2000.

Füglister, Notger, Die biblischen Wurzeln der Osterfeier, in: Ders., Die eine Bibel – Gottes Wort an uns. Gesammelte Aufsätze (Salzburger Theologische Studien 10), Innsbruck-Wien 1999, S. 103–125.

Görg, Manfred, Der un-heile Gott. Die Bibel im Bann der Gewalt, Düsseldorf 1995.

Greve, Astrid, Didaktische Entdeckungen in der jüdischen Kultur des Erinnerns (Wege des Lernens 11), Neukirchen-Vluyn 1999.

Grünwaldt, Klaus, »Meine Zeit steht in deinen Händen« (Psalm 31,16). Über die Rhythmisierung der Zeit im Alten Testament, in: BiKi 54. Jg., H. 4 (1999), S. 170–177.

Harnoncourt, Philipp/Auf der Maur, Hansjörg, Feiern im Rhythmus der Zeit II/1 (Handbuch der Liturgiewissenschaft 6/1), Regensburg 1994.

Heschel, Abraham J., Der Sabbat. Seine Bedeutung für den heutigen Menschen (Information Judentum 10), Neukirchen-Vluyn 1990.

Jacob, Benno, Das Buch Exodus, Stuttgart 1997.

Janowski, Bernd, Stellvertretung. Alttestamentliche Studien zu einem theologischen Grundbegriff (SBS 165), Stuttgart 1997.

Jürgens, Benedikt, Heiligkeit und Versöhnung. Leviticus 16 in seinem literarischen Kontext (HBS 28), Freiburg/Br. u.a. 2001.

Kaiser, Otto, Kult und Kultkritik im Alten Testament, in: Manfred Dietrich/Ingo Kottsieper (Hg.), »Und Mose schrieb dieses Lied auf«. Studien zum Alten Testament und zum Alten Orient (AO Altes Testament 250. FS Oswald Loretz), Münster 1998, S.400–426.

Kirche und Israel. Neukirchener Theologische Zeitschrift 16. Jg., H. 1 (2001).

Levinas, Emmanuel, Vier Talmud-Lesungen, Frankfurt/M. 1993.

Lohfink, Norbert, Arbeitswoche und Sabbat in der Priesterlichen Geschichtserzählung, in: BiKi, 52. Jg., H. 3 (1997), S. 110–118.

Maier, Hans, Die christliche Zeitrechnung, Freiburg/Br. [5]2000.
Marquard, Odo, Kleine Philosophie des Festes, in: Uwe Schultz (Hg.), Das Fest. Eine Kulturgeschichte von der Antike bis zur Gegenwart, München 1988, S. 413–420.
Marx, Alfred, Opferlogik im Alten Israel, in: Bernd Janowski/Michael Welker (Hg.), Opfer.Theologische und kulturelle Kontexte, Frankfurt/M. 2000, S. 129–149.
Müller, Stefanie, Ist der Sabbat für den Menschen geschaffen? Zum jüdischen Sabbatverständnis (Mk 2,23–28), in: Dagmar Henze u.a., Antijudaismus im Neuen Testament? Grundlagen für die Arbeit mit biblischen Texten, Gütersloh 1997, S. 114–125.
Die Pessach Haggada, hg.v. Rabbiner Dr. Michael Shire, Knesebeck 1998.
Rendtorff, Rolf, Die Entwicklung des altisraelitischen Festkalenders, in: Jan Assmann (Hg.), Das Fest und das Heilige. Religiöse Kontrapunkte zur Alltagswelt (Studien zum Verstehen fremder Religionen 1), Gütersloh 1991, S. 185–205.
Rendtorff, Rolf, Priesterliche Opfertora in jüdischer Auslegung, in: Bernd Janowski/Michael Welker (Hg.), Opfer.Theologische und kulturelle Kontexte, Frankfurt/M. 2000, S. 178–190.
Schüngel-Straumann, Helen, Das Geschenk des Sabbat im Alten Testament, in: BiKi 52. Jg., H. 3 (1997), S. 119–123.
Staubli, Thomas, Die Bücher Leviticus, Numeri (NSK. Altes Testament 3), Stuttgart 1996.
Stern, Marc, Gelebte jüdische Feste. Erinnern – Feiern – Erzählen, Gütersloh 1999.
Trepp, Leo, Der jüdische Gottesdienst. Gestalt und Entwicklung, Stuttgart/Berlin/Köln 1992.
De Vries, S.Ph., Jüdische Riten und Symbole, Reinbek bei Hamburg 1990 (niederländische Erstveröffentlichung 1927 und 1932).
Wick, Peter, Vom Tempelgottesdienst (Avodah) zum Wortgottesdienst, in: Kirche und Israel 16. Jg., H. 1 (2001), S. 9–24.
Wiesel, Elie, Noah oder die Verwandlung der Angst. Biblische Portraits, Freiburg/Br. 2000
Willi-Plein, Ina, Zeit, Zeitlichkeit und die Geschichte der Zeit in der Bibel, in: BiKi 54. Jg., H. 4 (1999), S. 150–155.
Willi-Plein, Ina, Warum mußte der Zweite Tempel gebaut werden? In: Beate Ego/Armin Lange/Peter Pilhofer (Hg.), Gemeinde ohne Tempel. Zur Substituierung und Transformation des Jerusalemer Tempels und seines Kults im Alten Testament, antiken Judentum und frühen Christentum (WUNT 118), Tübingen 1999, S. 57–73.
Willi-Plein, Ina, Opfer und Ritus im kultischen Lebenszusammenhang, in: Bernd Janowski/Michael Welker (Hg.), Opfer. Theologische und kulturelle Kontexte, Frankfurt/M. 2000, S. 150–177.
Zenger, Erich, Das Buch Ester, in: ders. u.a., Einleitung in das Alte Testament, Stuttgart [3]1998, S. 266–275.

Neues Testament

Neben den Literaturangaben in den Anmerkungen ist zu verweisen auf:

Barth, M., Das Abendmahl. Passamahl, Bundesmahl und Messiasmahl (ThSt[B] 18), Zürich 1945.
Cullmann, O., Der Ursprung des Weihnachtsfestes, Zürich/Stuttgart [2]1960.
Eckart, O./Schramm, T., Fest und Freude (KTB 1003.BiKon), Stuttgart u.a. 1997.
Frühwald-König, J., Tempel und Kult. Ein Beitrag zur Christologie des Johannesevangeliums (BU 27), Regensburg 1998.
Füglister, N., Die Heilsbedeutung des Pascha (StANT 8), München 1963.
Haag, H., Vom alten zum neuen Pascha. Geschichte und Theologie des Osterfestes (SBS 49), Stuttgart 1971.
Huber, W., Passa und Ostern. Untersuchungen zur Osterfeier der alten Kirche (BZNW 35), Berlin 1969.
Kremer, J., Pfingstbericht und Pfingstgeschehen. Eine exegetische Untersuchung zu Apg 2,1–13 (SBS 63/64), Stuttgart 1973.
Lohfink, G., Die Himmelfahrt Jesu. Untersuchungen zu den Himmelfahrts- und Erhöhungstexten bei Lukas (StANT 26), München 1971.

Roloff, J., Das Kerygma und der irdische Jesus. Historische Motive in den Jesus-Erzählungen der Evangelien, Göttingen 1970, 52–88.
Rordorf, W., Der Sonntag. Geschichte des Ruhe- und Gottesdiensttages im ältesten Christentum (AThANT 43), Zürich 1962.
Rordorf, W. (Hg.), Sabbat und Sonntag in der Alten Kirche (TC 2), Zürich 1972.
Trautmann, M., Zeichenhafte Handlungen Jesu. Ein Beitrag zur Frage nach dem geschichtlichen Jesus (fzb 37), Würzburg 1980, 278–318.
Yee, G.A., Jewish Feasts and The Gospel of John (Zacchaeus Studies: NT), Wilmington 1989.

Abkürzungsverzeichnis

Alttestamentliche Bücher

Gen	Genesis
Ex	Exodus
Lev	Levitikus
Num	Numeri
Dtn	Deuteronomium
Jos	Josua
Ri	Richter
Rut	Rut
1 Sam	1 Samuel
2 Sam	2 Samuel
1 Kön	1 Könige
2 Kön	2 Könige
1 Chr	1 Chronik
2 Chr	2 Chronik
Esra	Esra
Neh	Nehemia
Tob	Tobit
Jdt	Judit
Est	Ester
1 Makk	1 Makkabäer
2 Makk	2 Makkabäer
Ijob	Ijob
Ps	Psalmen
Spr	Sprichwörter
Koh	Kohelet
Hld	Hoheslied
Weish	Weisheit
Sir	Jesus Sirach
Jes	Jesaja
Jer	Jeremia
Klgl	Klagelieder
Bar	Baruch
Ez	Ezechiel
Dan	Daniel
Hos	Hosea
Joël	Joël
Am	Amos
Obd	Obadja
Jona	Jona
Mi	Micha
Nah	Nahum
Hab	Habakuk
Zef	Zefanja
Hag	Haggai
Sach	Sacharja
Mal	Maleachi

Neutestamentliche Bücher

Mt	Matthäus
Mk	Markus
Lk	Lukas
Joh	Johannes
Apg	Apostelgeschichte
Röm	Römerbrief
1 Kor	1. Korintherbrief
2 Kor	2. Korintherbrief
Gal	Galaterbrief
Eph	Epheserbrief
Phil	Philipperbrief
Kol	Kolosserbrief
1 Thess	1. Thessalonicherbrief
2 Thess	2. Thessalonicherbrief
1 Tim	1. Timotheusbrief
2 Tim	2. Timotheusbrief
Tit	Titusbrief
Phlm	Philemonbrief
Hebr	Hebräerbrief
Jak	Jakobusbrief
1 Petr	1. Petrusbrief
2 Petr	2. Petrusbrief
1 Joh	1. Johannesbrief
2 Joh	2. Johannesbrief
3 Joh	3. Johannesbrief
Jud	Judasbrief
Offb	Offenbarung des Johannes